Bruno Knobel   Die Appenzeller Malerin Sibylle Neff

Bruno Knobel

Die Appenzeller Malerin

Sibylle Neff

Nebelspalter-Verlag, Rorschach

© 1989 Nebelspalter-Verlag, CH-9400 Rorschach

Gestaltung: Leo Bernet
Lithos, Satz, Druck: E. Löpfe-Benz AG, Rorschach

ISBN 3 85819 140 X

Vorwort

Sibylle Neff hat am 14. März 1989 ihren 60. Geburtstag feiern können. Sie hat diesen Tag still begangen, ohne dass sie ein grosses Aufheben davon gemacht hätte oder dass die Öffentlichkeit und jene Blätter, die sonst eine Informationspflicht für sich in Anspruch nehmen, davon auch nur Notiz genommen hätten. Es ist dieser Geburtstag auch verstrichen, ohne dass eine Ausstellung zu diesem Anlass veranstaltet worden wäre, wie dies sonst wohl üblich ist.

Dass Sibylle Neff im nachhinein doch noch eine Festgabe in Form eines Buches erhält, ist erfreulich und gehört sich. Der Verfasser kennt die Jubilarin seit bald dreissig Jahren, was man merkt; mit grossem Einfühlungsvermögen zeichnet er ihr Leben und ihr Lebenswerk nach und versucht mit grossem Erfolg, der Künstlerin gerecht zu werden; dass er hinsichtlich der Schilderung des Kantons, in dem Sibylle Neff lebt, arbeitet, sich freut und leidet, den gleichen Anspruch nicht erheben kann, stört uns nicht: die Festschrift gilt nicht Innerrhoden. Diese Festgabe ist, ich sagte es, erfreulich. Ich meine dies ehrlich und ohne jeden Hintergedanken; denn anders als für Politiker und für Professoren, denen Festschriften jeweilen sozusagen als ideale Abgangsentschädigung für gefälliges Verschwinden gewidmet werden, soll für unsere Malerin mit dieser Festgabe durchaus kein Abgesang angestimmt werden. Im Gegenteil, ich würde ihr aus ganzem Herzen wünschen, dass sie sich in Zukunft nur noch ihrer Lebensaufgabe, der Malerei, mit aller Kraft widmen möge; und diese Kraft ist trotz einiger gesundheitlicher Schwächen und allerhand sonstiger Anfeindungen, die sie befallen oder die sie auf sich zieht, beträchtlich. Nach wie vor faszinieren ihre Bilder, mit denen Sibylle Neff Alltägliches festhält und dabei zum Nachdenken, zum Schmunzeln oder zum betroffenen Erinnern anregt. Sie tut dies in einer durchaus eigenständigen und eigenartigen Weise, die es ausserordentlich schwer macht, sie in eine der gängigen Kategorien der Malerei einzuordnen. Appenzeller Bauernmalerin ist sie gewiss nicht; insonderheit nicht Senntumsmalerin; ob sie zu den Naiven zu zählen sei, ist Gegenstand gelehrten Disputs. Eines allerdings steht fraglos fest: sie ist eine der grössten zeichnerischen und malerischen Begabungen unseres Kantons. Und fraglos sind wir auch stolz auf sie und fühlen uns mit ihr geehrt, wenn ihre Werke in Ausstellungen, die sie leider nur allzu selten veranstalten lässt, Bewunderung hervorrufen oder wenn ihre Werke in aller Welt publizistisch bekannt gemacht werden. Die Jubilarin wird dann fast — man kennt's vom Sport — zu «unserer» Sibylle.

Allerdings nur fast. Denn zur völligen Identifikation ist der Künstler — im Gegensatz zum Sportler, das zeigt sich neuerdings auch bei Bundesräten — für das Volk per se schon ungeeignet, es bleibt immer ein letzter Rest an Distanz. Dies gilt in höherem Masse bei Sibylle Neff, denn bei ihr ist diese durchaus auch räumlich zu verstehende Distanz nicht nur gegeben, sie ist vielmehr gewollt, bewusst geschaffen und rigoros verteidigt: «odi profanum volgus et arceo ...». Sibylle Neff braucht einen Freiraum, den es in der Kleinräumigkeit unseres kleinen Kantons nicht geben kann. Grenzübertretungen sind in jenen engen Verhältnissen, die Sibylle Neff als Künstlerin mit liebender Hand abbildet, als Person aber als beklemmend empfindet, unabwendbar. Ich würde der Jubilarin wünschen, dass sie sich ins Unabwendbare füge, stünde nicht zu befürchten, gefügig verlöre sie ihre Kraft.

Carlo Schmid
Landammann und Ständerat
von Appenzell Innerrhoden

Inhalt

Die Appenzeller Malerin Sibylle Neff

5 *Vorwort* von Carlo Schmid, Landammann und Ständerat von Appenzell Innerrhoden

8 *Im Ganzen gesehen: Keine Kriechspur*

10 *Bauernmalerischer Hintergrund*
Etiketten — Senntumsmalerei — Bauernmalerei — Naive Malerei; Insite Kunst

24 *Kindheit und Jugendjahre*
Die Sache mit dem Namen — Grossväterlicher Mentor — Der Ausbruchsversuch — Marktgerechte mütterliche Führung

34 *Die Unbequeme*
Das Plakat — Der Filz — Der Protest — Das Positive — Das Original

44 *Scherz, Satire, Ironie und tiefere Bedeutung*

60 *Die kleine und die heile Welt der Sibylle Neff*
Das Bild als Allegorie — Bilder mit Erinnerungswert — Die «Naive» und die «heile Welt» — Die Kehrseite der Idylle

74 *Die malende Chronistin*
Schreibende Malerin — Meisterhafte Zeichnerin — Die extrem Heimatverbundene — Die Geschichtenerzählerin — Einige Bildgeschichten

110 *Stationen im Spiegel der Medien*
Merkmale des Medienbetriebes — Etikettensorgen — Grober Presseüberblick

110 *Dialekt-Glossar und Anmerkungen*

«Auferstehung» (Frühjahrs-Schneeschmelze), 1978. Öl auf Holz (38 × 25 cm).

Im Ganzen gesehen: Keine Kriechspur

Seit die Malerei der Sibylle Neff nach Ende der fünfziger Jahre mehr und mehr Freunde gewann und die Aufmerksamkeit auch der professionellen Kunstkritiker zu erregen begann, blieb beim Publikum mit ihrem Namen unverändert jene Vorstellung verbunden, die geprägt worden war durch erste publizistische Schlagzeilen, die sie ausgelöst hatte: «Appenzells *jüngste* Bauernmalerin!» Sie war vierzig Jahre alt, als sie von begeisterten Publizistinnen noch immer als «das malende Mädchen von Appenzell» bezeichnet wurde. Und wer die Werke betrachtet, die Sibylle Neff mit fünfzig Jahren schuf, wird dahinter noch immer dasselbe kindliche, heitere Gemüt vermuten, aus dessen jugendlichem Gefühlsüberschwang und Fabulierlust heraus romantisierend die ersten unprätentiösen Bilder entstanden waren.

Angesichts eines sich scheinbar so unverändert über Jahrzehnte hinweg erhaltenen Erscheinungsbildes mag es gerechtfertigt sein, einen etwas eingehenderen Blick zu tun auf das bisherige (glücklicherweise fortdauernde) Schaffen der inzwischen sechzig Jahre alt, populär und anerkannt gewordenen Malerin, in einem Buch, das sie — auch dies typisch für sie — ihrer verstorbenen «treu sorgenden Mutter» und dem gütigen Pflegevater gewidmet haben möchte.

Mag es auch so scheinen, zumal beim nur flüchtigen Betrachten oder beim Studieren der Vielzahl von Details ihrer Bilder, so steckt dahinter — die frühesten Werke ausgenommen — keineswegs ein bloss kindliches, von keinen Zweifeln angenagtes, von keinen Enttäuschungen verschontes Gemüt. Die gemalte Idylle täuscht meist darüber hinweg, dass Sibylle Neff nur zu gut auch die wenig idyllische Realität kennt. Das ist für sie selbst ebensowenig ein Widerspruch, wie sie einen Gegensatz sieht zwischen der «naiven» Darstellung ihrer engen Umwelt, die sie als Malerin betreibt, und dem alles andere als naiven Kampf, den sie als Bürgerin gegen Auswüchse in eben dieser Umwelt führt. Das eine gehört zum andern; das eine bedingt das andere!

Für die kunstverständige Witwe des ehemaligen amerikanischen Präsidenten, John F. Kennedy, interessant genug, um als Künstlerin von Rang ins Gespräch gezogen zu werden; Kunstsachverständige irritierend, weil die Bilder der Malerin sich in keine gewohnte Schublade der schematischen Kunstgattungen eindeutig einordnen lassen, blieb sie für die engere Heimat «Bauernmalerin» (unter welch schwammiger Bezeichnung aber nicht wenige serielle Hersteller von gepinselter Folklore nur Souvenirgeschäfte betreiben). Ausländische Museumsleiter bewerben sich vergeblich um eine Ausstellung der «Naiven», die weit treffender als idealistische Realistin zu bezeichnen wäre. Am Fernsehschirm eingeführt als «das Mädchen Sibylle» zu einer Zeit, als sie für andere eine «alte Jungfer» war; geliebt von manchen, denen sie heimliche Wohltäterin ist, gefürchtet von ebenso manchen Behörden, denen sie als rechthaberische Verkörperung eines Michael-Kohlhaas-Typs gilt; Frau, die auf verblüffende Weise ihren Mann und dabei ihre Begabung als durchaus unkindliche Karikaturistin unter Beweis stellt; oft im erbitterten Clinch mit der lokalen Obrigkeit und dennoch untrennbar verbunden mit der engeren Heimat ... —

«Kuhhandel auf dem Landsgemeindeplatz». Aus den frühen 60er Jahren. Öl auf Holz (31,5 × 22,5 cm).

mit Schiller ist man geneigt zu sagen: «Von der Parteien Gunst und Hass verwirrt, schwankt sein (ihr) Charakterbild in der Geschichte» — in der Geschichte, die man um sie macht. Doch ihrem Bild — als Mensch *und* Malerin — kann nur gerecht werden, wer es mit dem Rat Leopold von Rankes hält: «Ein reines Urteil ist nur möglich, wenn man jedweden nach dessen eigenem Standpunkt, nach dem ihm innewohnenden Bestreben würdigt».

Schlichter formulierte es Redaktor Walter Koller vom «Appenzeller Volksfreund», als er Ende 1987, in einer Ausstellungs-Besprechung, über die Malerin ebenso umfassend wie bündig äusserte: «Sibylle Neff ist eine eigenartige und einzigartige Künstlerin — in ihrer *ganzen* Persönlichkeit».

Erst in Würdigung solcher Ganzheit wird man der Künstlerin, die sich selber lieber einfach «Malerin» nennt, gerecht.

Um diese Ganzheit zu ermessen, ist der Blick auf lokale Gegebenheiten ebenso nötig wie auf Biografisches, auf Glück und Sorgen, auf vernarbte und nicht verheilte Verwundungen wie auf erfahrene Güte und erlittene Härte. Denn in solcher Erfahrung wurzeln ihre Bilder ebenso wie die Unverblümtheit ihrer Urteile, die Zweifel an sich selbst wie ihr im Malen zum Ausdruck kommendes Missionsbedürfnis des gekränkten Moralisten, der die Welt besser haben möchte, als sie ist.

Sibylle Neffs Lebensweg und ihr Weg als Malerin sind untrennbar. Und dieser Weg ist — erfreulicherweise für eine Frau in einer Männerhochburg wie Appenzell-Innerrhoden — absolut *keine Kriechspur.*

Bauernmalerischer Hintergrund

Etiketten

Die Art von Sibylle Neffs Malerei ist überaus schwer einzuordnen in die gängigen Kunstkategorien. Sie verleitet dazu, von einem nur oberflächlichen Betrachter mit einer falschen Etikette versehen zu werden. Das wäre an sich kein Unglück, da ja nicht die falsche oder richtige Etikette zählt, sondern nur das Werk selbst. Aber fatalerweise wird durch eine Etikette oft die Betrachtungs- und Beurteilungsweise beeinflusst und in eine bestimmte Richtung gelenkt. Wer sich Sibylle Neffs Bildern nähert in der durch Etiketten genährten Erwartung, auf Bauernmalerei zu stossen, wird in den Werken manches Wesentliche ebenso übersehen wie einer, der — durch die Etikette «Naive Kunst» verleitet — in der Malerin die grosse Naive sieht ...

Sibylle Neff entzieht sich einer festen oder pauschalen Etikettierung schon deshalb, weil die meisten Etiketten zwar völlig oder annähernd zutreffen mögen — aber nur für einzelne Bilder oder für gewisse Schaffensphasen. Einer richtigen Einordnung ist am ehesten näherzukommen, wenn ausgeschieden wird, was die Bilder *nicht* sind: Sie sind nicht das, was man ehrlicherweise «naiv» nennen dürfte. Und sie gehören weder zur Senntums- noch zur Bauernmalerei. (Mit dieser Feststellung ist im übrigen kein negatives Werturteil über die Bauernmalerei verbunden — im Gegenteil. Man würde auch den besonderen Qualitäten der echten Bauernmaler nicht gerecht, wenn man sie an Sibylle Neffs Schaffen messen würde.)

So ist denn einer Abgrenzung wohl nur näherzukommen durch eine etwas einlässlichere Betrachtung dessen, was unter Appenzeller Senntums- und Bauernmalerei zu verstehen ist. Dies um so mehr, als in der ersten Phase von Sibylle Neffs Schaffen ihre Bilder in der Tat noch stark verwurzelt waren in dieser traditionellen Malerei. Und erst in der *Abgrenzung zu dieser* werden Originalität und Eigenständigkeit von Sibylle Neffs Malerei deutlich.

Senntumsmalerei

«Senntum» — das bedeutet die gesamte Vieh- und Fahrhabe eines Bauern. Und die «Senntumsmalerei» war gewissermassen ein graphischer Ausweis über die Grösse solchen Besitzes. Auf lange schmale Bänder, auf «Senntumsstreifen», wurde der Viehbesitz gemalt: Tiere sowie Sennen in Tracht, aufgereiht in der Reihenfolge der traditionellen Alpfahrt. Diese Darstellungen waren auch Ausdruck des Besitzerstolzes, und die Senntumsstreifen wurden ursprünglich an der Aussenwand des Hauses über der Stalltüre angebracht, jedem Vorbeigehenden sichtbar. Später wurden sie, in handliche Bilder gestaltet, in der Bauernstube aufgehängt.

Der Besitzstand des bäuerlichen Appenzellers drückte sich im Viehbestand aus. Aus der Stückzahl seiner Kühe wurde sein Reichtum ersichtlich. In der Senntumsmalerei dominieren deshalb die Kühe, wobei nicht ihr Aussehen wesentlich ist, sondern ihre Stückzahl. Ihre figürliche Gestaltung ist ohne Bedeutung, sie zeigt nicht besondere Merkmale, nach denen die einzelnen Kühe sich voneinander in Wirklichkeit unterscheiden und wie sie ja gerade für den Bauern wichtig sind und die keiner besser kennt als er. Die Kühe sind stilisiert und stereotyp gemalt, schablonenhaft. Lediglich bei den Ziegen erlaubt sich der Senntumsmaler gewisse Freiheiten.

Ähnlich ist es mit den männlichen Gestalten in einem solchen Alpaufzug: Auch sie sind schablonenhaft gemalt, steif, puppenhaft, ohne individuelle Persönlichkeitsmerkmale, eine Gestalt wie die andere, auswechselbar. Wichtig ist die wirklichkeitsgetreue Darstellung der Volkstracht, die sie tragen und die auch genau übereinstimmt mit der hierarchischen Stellung, die ihr Träger im Alpaufzug einnimmt.

Weder in der Gestik noch im Gesichtsausdruck unterscheiden sie sich voneinander. Jeder ist in der gleichen Gehbewegung gleichsam erstarrt, oft fast unnatürlich. Jedem steckt das traditionelle Tabakpfeifchen der Appenzeller in gleicher Art im Gesicht. Das Ganze wirkt weniger naturalistisch als ornamental.

Dieser lineare Vordergrund ist das Wichtigste, war ja überhaupt Anlass für das Bild.

Der Hintergrund dagegen ist nebensächlich: grüne appenzellische Hügellandschaft mit verstreuten Höfen, kaum je naturgetreu. Am Horizont steile Berge, die in ihren bizarren Formen an die Gebirgsdarstellungen in der Kunstmalerei des 16. und 17. Jahrhunderts und an die Stiche aus jener Zeit erinnern.

Und so, wie die Senntumsstreifen sich irgendwann auch in handliche Bilder wandelten, die sich als Wandschmuck im Hause aufhängen liessen, so verloren diese Bilder ihrerseits, was ihren Bildinhalt betrifft, auch ihren direkten Bezug auf den Besitzer des dargestellten Viehs. Mehr und mehr Senntums-Bilder zeigten ganz einfach irgendeinen frei komponierten Alpaufzug und nicht mehr denjenigen eines bestimmten Bauern: Die Senntumsmalerei hatte sich insofern anonymisiert. Nicht mehr nur der Viehbesitzer konnte sich an seinem Bild erfreuen, sondern jedermann.

Senntumsmalerei war und ist Bauernmalerei. Ihre eng begrenzten Sujets und deren durch das Brauchtum geradezu gesetzmässig festgelegte Reihenfolge der Tier- und Menschenfiguren im dominierenden Alpaufzug bildeten zum grossen Teil den Inhalt jener Bilder, die am Anfang der sogenannten Appenzeller Bauernmalerei standen.

Bauernmalerei
«Bauernmaler» — malende Bauern, Autodidakten — hatten schon vor Jahrhunderten bäuerliche Gebrauchsgegenstände, auch Möbel, schmückend bemalt, mit Ornamenten und/oder mit naiven figürlichen Darstellungen.[1]

Von den Senntums-Sujets geleitet — dessen ältestes erhaltenes Stück aus dem Jahre 1804 stammt — an Häusern und Möbeln und auf Eimerbödeli —, weiteten sich ihre Darstellungen aus auf Szenen aus dem *gesamten* bäuerlichen Leben. Seit der 2. Hälfte des 19. Jahrhunderts finden sie sich auf kleinen gerahmten Gemälden.

Zu jener Zeit gab es in der Schweiz auch in der «grossen Kunst» Meister, die das bäuerliche Leben oder die mit Vieh belebte Landschaft malten (Albert Anker 1831–1910 zum Beispiel oder Rud. Koller, 1828–1905). Sie stellten das Landleben — bei aller naturalistischen figürlichen Darstellung — weitgehend romantisierend und sentimentalisierend dar. Die Maler waren ja selber nicht Bauern.

Doch auch die malenden Bauern im Appenzellischen zeichneten merkwürdigerweise nicht das ihnen ja sattsam bekannte ärmliche Leben der von der Natur hart bedrängten Sennen am Fusse des Säntis. Sie neigten zur Idyllisierung dieses Lebens, was sich auch darin äusserte, dass sie in der überwiegenden Mehrzahl

---

1 Siehe Eimerbödeli auf Seite 12.

Bauernmalerei:
Eimerbödeli

Oben links:
Von Josef Manser, Brülisau
(geb. 1911)
aus dem Jahr 1933.
(Öl auf Holz, Ø 22 cm).
Oben rechts:
Von Sibylle Neff aus dem
Jahr 1963
(Öl auf Holz, Ø 22 cm).

Unten links:
Grundiertes Bödeli
mit Bleistift-Vorzeichnung
von Johann Baptist Zeller,
Appenzell, geb. 1877,
aus der Zeit Ende der
fünfziger Jahre.
(Hintergrundzeichnung:
Sonnenhalb — Säntiskette).

Ausbruch aus der Tradition:
Das Bild von Sibylle Neff auf Seite 14, «Alpaufzug» aus dem Jahre 1961 (Öl auf Papier, 50,3 x 33,2 cm) ist noch deutlich der traditionellen Bauernmalerei verhaftet. Kühe und Sennen wirken steif und schablonenhaft wie auf dem Eimerbödeli des Bauernmalers Manser oben links.
Das Wichtigste, der Alpaufzug, steht im Vordergrund.

Zwei Jahre später (1963) entstand das Bild von Seite 15, «Brautpaar» (Öl auf Papier, 50,6 x 32,7 cm). Der Alpaufzug ist in den Mittelgrund zurückgedrängt; die Sennen sind lebendiger, in natürlicher Bewegung gemalt. Der Blick des Betrachters wird nicht vom Viehbestand zuerst gefesselt, sondern von einem jungen Paar, das sich verliebt an den Händen hält, was ein Bauernbüblein veranlasst, leicht verschämt zurückzublicken. Das Bild könnte sehr wohl den Titel «Grüezi und Adie» tragen — entsprechend der in Innerrhoden noch verbreiteten Sitte, sich vor einer Begegnung mit «Grüezi» zu grüssen und sich — auf der Höhe mit dem Begegnenden — gleich wieder mit «Adie» zu verabschieden.
Auch dies ein deutlicher Ausbruch aus der Tradition der alten Bauernmalerei: Sibylle Neff erzählt etwas.

Sommerbilder malten: Sömmerliche Landschaft, wenn alles grün ist und die Kühe weiden — die schönste Zeit des Bauern. Aber nicht nur die Landschaft gewinnt an Bedeutung; auch die Höfe werden wichtiger; manchmal steht sogar ein einzelner Hof gross im Vordergrund, dann und wann auch einmal ein Dorfbild (Heuscher, Vetter). Und es waren seltene Ausnahmen, dass etwa der Innerrhoder Haim ein Bild mit drei Bauern beim Jassen oder eine Jagdszene malte oder dass die Toggenburgerin Babeli Giezendanner (1831–1905) mit einer öffentlichen Viehschau hervortrat.

Die Bauernmaler waren nicht kunsterfahren; sie waren ohne Ausbildung als Maler. Ein Überblick über ihre Bilder aus dem 19. Jahrhundert zeigt starke Unterschiede in Maltechnik und Bildkomposition, die nie irgendeiner Kunstrichtung verpflichtet waren.

Die bekanntesten «klassischen» Bauernmaler von Appenzell *Ausserrhoden* sind Bartholomäus Lämmler (1809–1865), Johannes Müller (1806–1897), Johannes Zülle (1841–1938), Johann Jakob Heuscher (1843–1901); von *Innerrhoden* Franz Anton Haim (1830–1890) sowie Johann Baptist Zeller[2], der, 1877 geboren, Ende der vierziger Jahre des 20. Jahrhunderts die ersten Malversuche von Sibylle Neff mit Aufmunterung und freundlichem Rat begleitete.

Die alten Bauernmaler malten zum Vergnügen, sozusagen als «Sonntagsmaler», häufiger wohl noch zum Zwecke eines dringend nötigen Nebenerwerbs, die Bekannteren unter ihnen vielfach auf Bestellung, denn vom bäuerlichen Sujet der Bilder her bestand ja auch in der bäuerlichen Bevölkerung durchaus ein Kaufinteresse: man wollte zwar nicht «Kunst» kaufen, sondern etwas «Schönes», von dem man schliesslich etwas verstand. Die traditionsbewussten Käufer wachten sozusagen darüber, dass «ihre» Bauernmaler sich an die Tradition hielten. Viele von diesen malten aus ähnlichem handwerklich-spielerischem Trieb wie etwa jene Knechte, die mit grobem Messer plumpe Kühe in Spielzeuggrösse schnitzten, derweil sie im Stall bei einer kranken Kuh, beim frischem Wurf eines Schweines wachten oder winters am warmen Herd sassen.

Doch schon bei ihnen begann, was sich später verstärken und in gewissem Sinne auch zu einer Entartung der Bauernmalerei führen sollte: Schon Zülle z.B. schuf zwar wertvolle Einzelbilder, die er aber auf Bestellung später oft wiederholte. Und Joh. Bapt. Zeller stellte in fortgeschrittenem Alter seine grosse Begabung immer mehr in den Dienst der blossen Souvenirs.

Nach Ansicht des grossen Kenners und Förderers der Appenzeller Malerei, des Baslers Dr. Bernoulli (eines Bewunderers von Sibylle Neffs Schaffen), war es die Landesausstellung von 1939, die das Verständnis für diese Malerei weckte und mehrte und die nach dem Zweiten Weltkrieg «kunstwürdig» zu werden begann. Und mit dem gewaltig einsetzenden technischen Fortschritt, dem nach geraumer Zeit der gegenläufige Trend des «Zurück-zur-Natur», des nostalgischen «Hin-zur-Natürlichkeit», vielfach auch nur sentimental, folgte, wuchs die Nachfrage nach Erzeugnissen bäuerlich-naiver Kunst. Und diese Nachfrage erhöhte nach wirtschaftlicher Gesetzmässigkeit auch das Angebot: Die Zahl der begabten oder auch weniger begabten Bauernmaler begann zu wachsen. Sie mochten zum Teil noch selber Bauern sein oder zumindest aus einer Bauernfamilie stammen; sie mochten aus echter Freude an «Sonntagsmalerei» zum Pinsel greifen oder weil sie wussten, mit dieser Traditionsmalerei in eine lukrativ ausbeutbare Marktlücke zu stossen. Es gab wenige Maler und auch Malerinnen, die aus dem gleichen natürlichen Gefühl heraus malten wie ihre «alten»,

---

2 Sein Bildnis auf Seite 30.

Der «Bruch» Sibylle Neffs mit der traditionellen Bauernmalerei:
Das Bild links, «Alpaufzug» (1961), noch stark fixiert auf die Malweise der Bauernmaler — das Bild rechts, «Brautpaar» (1963), schon weitgehend befreit von den Stilfesseln der traditionellen Bauernmalerei.
Weiteres zu diesen beiden Bildern auf Seite 12.

«echten» Vorgänger; und es gab viele, die nur die traditionellen, in der Senntumsmalerei gründenden alten Sujets der ursprünglichen Bauernmaler wiederholten, stereotyp kopierten: sie produzierten klischeehaft Alpaufzüge in fast serienmässiger Fertigung. Und sie fanden, nicht zuletzt dank des anschwellenden Fremdenverkehrs, mehr und mehr Käufer, auch weit über die Grenzen der heimischen Bevölkerung und der noch grösseren Zahl der Heimweh-Appenzeller hinaus.

Die figürliche Darstellung in der alten Bauernmalerei ist, wie schon erwähnt, stark stilisiert und schematisiert, ja schablonisiert; der Mangel an individueller Variation in der Darstellung von Mensch und Tier — echter Naivität der früheren Maler entsprungen — erleichterte den modernen Epigonen das Kopieren echter Bauernmalerei ungemein. Es erleichterte zumal zeichnerisch völlig Unbegabten, zu malen: denn gerade dem künstlerisch völlig Unbedarften, der womöglich frei zeichnen gar nicht konnte, mochte es besonders gut gelingen, wenigstens den Anschein der «Naivität» zu erwecken. Um die kaum veränderbaren traditionellen Formen zu wahren, genügte das Kohlepapier. Das Ausmalen der Konturen konnte dann bald zur Routine werden. Traditionelles wurde reproduziert; scheinbare Naivität vermischte sich mit echter Naivität, echtes Volksgut mit marketinggesteuerter gemalter Folklore. Es entstand vielfach in gewissem Sinne das, was der Kunsthistoriker Sigfried Giedion (mit Bezug auf einen weiteren Kunstbereich) «mechanische Nachäffung alter Stile» und «Surrogat-Kunst» nannte.

Der innerrhodische Landammann Dr. Raymond Broger erläuterte Ende Oktober 1968 anlässlich der Vernissage einer Ausstellung von «Appenzeller Bauernmalern» auf Rigi Kaltbad: «Die Bauernmalerei ist der denkbar getreuste Spiegel des bäuerlichen Appenzellerlandes, Ausdruck einer noch intakten Geschlossenheit des gemeinsamen Lebensgefühls des Appenzellervolkes und Ausfluss einer frohmütigen und zufriedenen Wesensart der Appenzeller, die sich auch in einer sich verändernden Umwelt den traditionellen Auffassungen ihrer bäuerlich-sennischen Kultur verpflichtet fühlen».

Das war und ist ebenso richtig wie falsch. Es gibt das, was Broger sagte, zweifellos; es gibt aber auch die davon manchmal nur schwer zu unterscheidende blosse serienmässige Nachahmung, die aber als «original» um so eher empfunden wird, als sie ja direkt aus dem Appenzellerland stammt.

Die Frage mag sich aufdrängen, weshalb denn die Appenzeller Malerei so begehrt sei. Das mag einmal zusammenhängen mit dem unwiderstehlichen Reiz der Appenzeller Landschaft (wo sie natürlich geblieben ist), dann aber auch mit dem Ruf des Appenzellers, ein originaler und überaus witziger Zeitgenosse zu sein.

Es gibt zwar manche Gegend in der Schweiz, die hinter dem Appenzellerland nicht zurücksteht, die aber nicht über eine eigenständige Malerei verfügt.

Und es gibt viel lebendiges Brauchtum in der Schweiz; aber nicht überall ist es noch so verankert im gegenwärtigen Alltagsleben wie im Appenzellischen, wo es sich lange hat behaupten können gegen die Pervertierung durch den Fremdenverkehr, welcher Brauchtum oft zu blosser Folklore degradiert.

Und es gibt beileibe viele Regionen in der Schweiz, in welchen die Bevölkerung über mindestens ebensoviel Mutterwitz verfügt wie die dafür berühmten Appenzeller.

Gewiss, die Appenzeller können Witze erzählen; aber das heisst nicht, dass einer auch Witz hat, sondern höchstens ein gutes Gedächtnis, um für jede Gelegenheit einen passenden Witz parat zu haben. Und wo Appenzeller witzig sind, fehlt ihnen, wie vielen andern

Schon diese Zeichnung — wie auch alle später folgenden — zeigt, worin sich Sibylle Neff von den herkömmlichen Bauernmalern unterscheidet: Sie kann zeichnen. (Zeichnung in Originalgrösse.)

ebenfalls, die Gabe, auch einen Witz über sich selber zu machen oder zu goutieren. Humor — etwas anderes als Witz und Witzigkeit — ist so selten in Appenzell wie anderswo. Der traditionellen Bauern- und Sennenmalerei fehlen denn sowohl (geistvoller) Witz als auch Humor.

Die verbreitete Vorliebe des Schweizers für den Appenzeller mag historische Gründe haben:

Im 18. Jahrhundert schon beschrieben ausländische Reiseschriftsteller und Gelehrte die Appenzeller als «die Lieblinge der ganzen übrigen Schweiz, die allenthalben bewundert, aber nicht beneidet, und von den vaterländischen Schriftstellern wetteifernd als das freyste, glücklichste und geistreichste Hirtenvolk gepriesen werden ...» (Christoph Meiners, 1747–1810). Gleichzeitig wurde (insbesondere unter dem Einfluss von Albrecht von Hallers Lehrgedicht «Die Alpen») in der Landschaft Appenzells ein wiedergefundenes antikes Arkadien entdeckt, eine Idylle, welche die Bewunderung und Begeisterung eines J. J. Bodmer und des literarischen Zürichs seiner Zeit weckte. Das «Paradiesische», «natürliche Wilde», Ursprüngliche und — eben: Idyllische, Arkadische von Landschaft und Wesen der Appenzeller wurde aus der Vorstellung und Interpretation naturschwärmerischer Literaten heraus zu einem Klischee, das intakt blieb bis heute.

«Naive Malerei» – «Insite Kunst»
Die Grenzen zwischen der echten Volkskunst der klassischen Bauernmalerei und der seriell und stereotyp hergestellten Nachahmung jener Volkskunst, aber auch der Unterschied zwischen einer solchen folkloristischen, auf den Markt ausgerichteten Malerei und jener heutigen «Bauernmalerei», welche aus eigenem künstlerischem Empfinden sich formal in der alten Bauernmaler-Tradition ausdrückt — alle diese Grenzen sind schwimmend.

Ebenso unsicher sind auch die Grenzen gezogen zwischen der heutigen echten, von künstlerischem Drang angetriebenen Bauernmalerei und der «eigentlichen grossen Kunst». Sibylle Neff war — und darauf ist später noch zurückzukommen — eine Weile lang fast eine echte Bauernmalerin von der erwähnten Art gewesen: Sie malte echte, natürliche eigene Empfindungen, in der Form gelenkt von dem, was sie kannte: traditionelle Bauernmalerei.

Sie sprengte jedoch schon bald die strengen traditionellen Formen der Senntumsmalerei,³ fügte diesen eigen-willige Züge hinzu, blieb aber in der Ausdrucksweise «naiv», so wie es die frühen Bauernmaler auch gewesen waren: naiv im Sinne von kindlich (nicht kindisch!), arglos, natürlich, unverbildet. Und sie blieb von solcher Naivität auch, als sie richtigerweise schon nicht mehr ganz zu den «echten» Bauernmalern zu zählen war; und so war es naheliegend, dass ihre Malerei (auch) der «Naiven Kunst» zugeordnet wurde.

Die «Naive Kunst», einst als dilettantische «Sonntagsmalerei» im Sinne blosser Freizeitbeschäftigung von ernsthaften Kunstbeflissenen eher belächelt, ist inzwischen längst zu einem Zweig der «echten grossen Kunst» geworden (etwa die herausragenden Werke eines Rousseau, einer Grandma Moses oder eines Adolf Dietrich). Man lernte diese Art der Malerei zu sehen als Ausdruck eines natürlichen Gegen-Empfindens gegen die dem Zeitgeist entsprechend zunehmende Abstraktion in der Kunst.

Insofern ist es richtig, Sibylle Neffs Malerei der «Naiven Kunst» zuzuordnen, obwohl die Persönlichkeit der Künstlerin keineswegs als naiv bezeichnet werden könnte: Ihre Bilder sind nicht das Ergebnis phantastischer naiver Vorstellungen (wie dies bei Rousseau der Fall ist), sondern sie zieht die Motive aus ihrer real existierenden Umgebung (wie es ein Adolf Dietrich tat oder eine Grandma Moses).

Doch z. B. von Grandma Moses unterscheidet sich Sibylle Neff insofern, als sie als Malerin zwar auch Autodidaktin ist, aber keine Dilettantin wie die Amerikanerin. Denn sie kann meisterhaft zeichnen, was in ihren Ölbildern hinter einer starken, von der Bauernmaler-Tradition geprägten Stilisierung zurücktritt.

In den 60er Jahren zeigte sich bei Kunsthistorikern, die sich mit «Naiver Malerei» beschäftigten, eine gewisse Unsicherheit bezüglich der Vergabe der Etikette «Naive Kunst».

Aus diesem Zwiespalt heraus wurde, insbesondere in slawischen Ländern, der Begriff «Insite Kunst» geprägt (abgeleitet vom lateinischen insitus = angeboren, aufrichtig). Die «Insite Malerei» steht ausserhalb der geistigen Auseinandersetzung jener, die berufsmässig «Grosse Kunst» ausüben. Der Kunsthistoriker Bihalji charakterisierte sie so: «Unbekümmert und spontan schaffen sie aus dem Drang ihres Herzens. Das ‹Grosse Reale› nannte Kandinski die echte Naivität in der Kunst als Gegensatz zur aufsteigenden Abstraktion. Nicht dekorative Einfalt und erzählerische Primitivität allein bilden ihre Eigenart, sondern mehr noch die symbolhafte Bildhaftigkeit und kindliche Freude am Entdecken.»

In gängigen heutigen Lexika figurieren Sibylle Neffs Werke unter «Naive Malerei» und «Insite Kunst»; in den biografischen Angaben in solchen Lexika wird indessen Sibylle Neff weiterhin als «Bauernmalerin» geführt. Es mag zwar ohne Bedeutung sein, welcher Kunstgattung ein Werk zuzuordnen ist, es zählt schliesslich ja nur das Werk an sich. Aber der Werkbetrachter verbindet mit Begriffen wie «Senntumsmale-

---

3 Die zwei Bilder auf den Seiten 14 und 15 machen die «Bruchstelle» deutlich.

Sibylle Neff machte einst eine Skizze vom legendären Ständerat und Landammann Dr. Raymond Broger und notierte dazu mitfühlend: «Ein schweres Amt, Landammann zu sein!»
(Zeichnung in Originalgrösse.)

rei», «Bauernmalerei», «Naive Kunst» etc. doch ganz bestimmte und oft sehr persönliche Vorstellungen. Vor den Bildern Sibylle Neffs sollte man nicht von solchen Vorstellungen belastet sein; man sollte sie nicht auf eine bestimmte Etikette fixieren, sonst sieht man womöglich an ihrem Wesentlichen vorbei und beurteilt sie falsch.

Als 1965 Rudolf Hanhart, Konservator des Kunstmuseums St.Gallen, unterstrich, die Bilder der Sibylle Neff seien «unter keinem Titel der alten Tradition der Appenzeller und Toggenburger Bauernmaler zuzurechnen ...», da wurde dieses Urteil von manchen, welche die «echte Bauernmalerei» der Appenzellerin bewunderten und als Käufer begehrten, als Affront empfunden, als Fehlurteil — damals übrigens auch von Sibylle Neff selbst. Aber Hanharts Urteil war richtig und war im übrigen ja auch eine professionelle Reverenz an die Originalität und Eigenständigkeit der Bilder. Und wenn (1974) ein Rezensent darauf verwies, in der Art von Sibylle Neffs Bildern zeigten sich die «Gefahren der Bauernmalerei», so machte das nur deutlich, dass der Rezensent die Neffschen Bilder mit einer falschen Elle mass. So auch, wenn er anfügte, die besagten Gefahren äusserten sich insbesondere in Sibylles Winterbildern. Denn in der ursprünglichen («echten») Bauernmalerei des 19. Jahrhunderts kamen Winterlandschaften so überaus selten vor, dass man geneigt ist, sie als Verirrung, als Bruch mit der Tradition, als untypisch zu übergehen oder auszugrenzen.

Nicht nur Sibylle Neffs Winterbilder, auch ihre Landschaften ohne Vieh, ihre Gassen-Szenen usw. sind Ausdruck dafür, dass die Künstlerin keine Bauernmalerin ist — übrigens auch keine sein will.

Von den alten Bauernmalern unterscheidet sich Sibylle Neff auch durch ihre zahlreichen Winterbilder.
«Winterlandschaft» (von Unterrain gegen Lehn/Hirschberg), 1966. Öl auf Papier (44 × 29,5 cm).

«Winterlandschaft», 1967. Öl auf Papier (40,5 × 24 cm).

«Winterlandschaft», 1967.
Öl auf Papier
(40 × 23,5 cm).

Kindheit und Jugendjahre

Sibylle wurde am 14. März 1929 geboren — als uneheliches Kind, was deshalb anzufügen ist, weil dies damals und in der kleinräumigen Gesellschaft des «Dorfes» Appenzell einen folgenschweren Sittenverstoss bedeutete, insbesondere in den Augen selbstgerechter bigotter Christen. Manches im Leben und Werk der Sibylle Neff gründet in diesen besonderen familiären Umständen.

Die Sache mit dem Namen
Als die 1911 geborene hübsche Berta Ullmann aus dem appenzellischen Unterrain — jüngstes von zehn Kindern — 1929 ein uneheliches Mädchen, Sibylle, gebar, da hatte es die kaum Achtzehnjährige nicht leicht. Entsprechend damaligem und örtlichem Zeitgeist wurde der Stab über sie gebrochen. Das machte sie freilich nicht verbittert, sondern sie suchte, kaum erwachsen, mit erstaunlicher Zähigkeit zu beweisen, dass sie nicht jene Versagerin war, die man in einer ledigen Mutter zu sehen pflegte. Schon als Kind hatte sie mit Handstickerei im Elternhaus zum Unterhalt beitragen müssen. Nun gründete sie in Appenzell ein bescheidenes Handstickerei-Geschäft, dessen spärlicher Ertrag zu ihrem und ihres Kindes Lebensunterhalt bei äusserster Sparsamkeit gerade knapp ausreichte.

Sibylle war elfjährig, als ihre Mutter mit dem tüchtigen Spengler Hermann Neff die Ehe schloss, aus der später der Sohn Hermann hervorging.

Sibylles Kinderjahre bis zur Heirat ihrer Mutter waren zwar geprägt vom Zwang zu grösster Sparsamkeit, aber auch von romantischen gedanklichen Höhenflügen des verträumten Kindes, welches das Schöne dort fand, wo es kostenlos zu haben war: in der Natur. Schon früh lernte es indessen auch, wie eng Schönes und Unschönes, Erfreuliches und Bedrückendes beisammen liegen, dass es neben lieben auch weniger liebe Menschen gibt, die ihm die «beschämende» Herkunft nicht nachsahen.

Rührend das «Inserat», das die Kleine — des Schreibens noch kaum kundig — für das Geschäft der Mutter entwarf.

Fast zum Trauma wurde Sibylle ihr — nach Ortsgebrauch selber zu machender — Bittgang um eine Firmpatin — ein Gang, auf dem sie abgewiesen und abgewiesen wurde, bis sich schliesslich eine grossherzige Frau bereitfand, zuzusagen.

Von der Mutter lernte sie, dass in dieser Welt nur Tüchtigkeit und Leistung zählen. Und als geistigen Zufluchtsort lernte sie die idyllisierte Natur und auch einige gute Menschen, die sie sogleich idealisierte, zu sehen ...

Mit der Heirat ihrer Mutter normalisierte sich Sibylles Stand in der Gesellschaft vorerst nur scheinbar. Spengler Neff wurde ihr ein gütiger Vater; den kleinen Halbbruder liebte sie innig. Aber ihr Name machte ihr zu schaffen: Sowohl der Geschlechtsname ihres leiblichen Vaters als auch der Ledigenname ihrer Mutter verursachten ihr fast körperliches Unbehagen. Wo immer möglich unterliess sie es, ihren Namen zu schreiben. Aus dieser Zeit mag herrühren, dass Sibylle noch später, als sie den Namen Neff tragen durfte, manche Bilder und Zeichnungen zu signieren ganz einfach un-

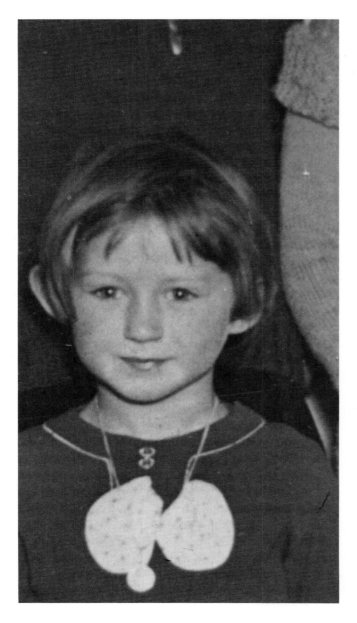

Klein Sibylle

terliess — eine bei Künstlern sonst nicht eben häufig anzutreffende Gewohnheit!

Die Sache mit dem Namen hatte die Bedeutung einer tiefen Verunsicherung. Die materiell bedrängenden Verhältnisse bei der noch unverheirateten Mutter; deren Stand als Alleinerziehende und demnach — wie es in jener Zeit hiess: die moralische Gefährdung des Kindes — liessen es nach damaliger Auffassung als geboten erscheinen, Sibylle in ein Waisenhaus zu stecken. Doch Mutter und Tochter leisteten erbitterten und erfolgreichen Widerstand. Sie wollten zusammenbleiben.

Später, als Sibylle sich zu einem hübschen Mädchen entwickelte, da entwickelte sich auf verwandtschaftlicher Seite des leiblichen Vaters auch die nüchterne Vorstellung, das Mädchen sollte der Mutter entzogen und auf den lukrativen Weg einer Serviertochter gebracht werden. Und eine grosse Enttäuschung war, als Vater Neff eine Adoption beantragte, die Behörden aber abwinkten — wohl nicht ganz begründet —, weil der leibliche Vater noch lebe. Aber wenigstens die Namensänderung durfte schliesslich vollzogen werden. Erstmals fühlte Sibylle Neff sich sicher, und «normal», nämlich wie andere auch. Und sie durfte nun «ihren» Namen getrost unter erste bescheidene Zeichnungen setzen: unter von Schulkameradinnen in Primar- und Realschule begehrte Malereien in Poesiealben: meist unter Versuche, irgendein Stück Natur auf ein Papier zu bannen.

Schmerzliche Erfahrungen auch: In der Mädchenzeit hatte die hübsche Sibylle eine gute Freundin, musste aber erfahren, dass diese trotz der Freundschaft sich nicht hätte vorstellen können, einen ihrer Brüder als Schatz des Armeleutekindes zu sehen, ein zudem noch «eeohriges» (einohriges = uneheliches). Später dann, als sie dank der Malerei «zu Geld gekommen» war, wäre die Eeohrigkeit freilich kein Hindernis mehr gewesen für das ernsthafte Anknüpfen von Beziehungen zu einem Mann. Doch da soll es in der Männerwelt eine andere Hemmschwelle gegeben haben. Besagte Jugendfreundin gestand ihr später: «Jo, me hett di denn doch no döre neh; abe me heed halt liberement globt, werisch au ase dick ond maläschtig wie d Muetter!»[4]

Im Schmittenbach und «im Hof»
Die vierköpfige Familie von Spengler Neff lebte in räumlich engen Verhältnissen im Dorf. Im Schmittenbach an der Sitter fand sich endlich eine geräumige Unterkunft: Zwar abseits vom Dorf, zu Miete in einem Bauernhaus ohne elektrisches Licht und mit fliessendem Wasser nur im Brunnen vor dem Haus — aber für einen Mietzins von nur zwanzig Franken im Monat.[5]

Vater Neff hatte sich selbständig gemacht und seinen Einmann-Betrieb in einem Haus am Landsgemeindeplatz untergebracht.[6] Im Schmittenbach verlebte Sibylle sechs ruhige, glückliche Jahre. Hier war sie der Natur und dem Alltag der Bauern nahe; hier sammelte sie Erlebnisse mit Leuten, die nicht «vom Dorf» waren, Erlebnisse auch mit dem Wechsel der Jahreszeiten ...

Als ein gewisser sozialer Aufstieg wurde schliesslich die Rückkehr ins Dorf empfunden: die Umsiedlung in das stattliche Haus «zum Hof».[7]

Und hier «im Hof» war es, dass Sibylle ihrer Neigung, aber auch ihres Talentes zum Malen und Zeichnen gewahr wurde. Dem Backfischalter entsprechend, füllte auch sie Notizbücher mit Modezeichnungen; aber mehr noch wurde sie inspiriert von Bildern, die ihrer Freude an der heimischen Natur und am bäuerlichen Leben entgegenkamen und an denen in Appenzell traditionsgemäss kein Mangel war: an Bauernmalerei.

Klein Sibylle — kaum des Schreibens kundig, entwirft das Kind ein «für die Zeitung» gedachtes Inserat, um Kunden für Mutters Geschäft zu werben.

Als Viertklässlerin mit ihrer Firmpatin Hermine Näf-Koller. Dreimal um eine Patin betteln.

«Um einen Anstoss zum Malen zu spüren», so sagte sie später einmal, «genügt es nicht, dass ich etwas als «schön» empfinde. Sichtbar Schönes genügt nicht; ich musste stets auch das Gefühl haben, etwas sei auch *gut*.»

Grossväterlicher Mentor
Bei Sibylles Versuchen in solcher Malerei, auf improvisiertem Malgrund jeder erreichbaren oder erschwinglichen Art, schaute ihr gelegentlich der in der Nachbarschaft wohnende Johann Baptist Zeller[8] grossväterlich über die mageren Schultern, korrigierte sie etwas, unterwies dort einmal und attestierte heimlich der Mutter unumwunden, ihr Töchterchen habe Talent.

Zellers Urteil hatte einiges Gewicht: Als malender Bauern-Taglöhner stand er im Ruf, noch ein echter und auch anerkannter Bauernmaler zu sein.

Gelegentlich spendete Zeller Anerkennung auf besondere Art. «Hier ist ein Bild von mir», mochte er etwa zu Sibylle sagen, «aber jene Stelle darauf dünkt mich etwas leer; mach mir doch ein paar Schafe darauf!» Und oft brummte der Verehrte verwundert über eine Zeichnung Sibylles: «Willsgott Meedle, daa chönnt ii nöd!» Als J. B. Zeller Ende der fünfziger Jahre als letzter Vertreter der alten Generation echter Bauernmaler starb, ging Sibylle auf Geheiss ihrer Mutter zu den Angehörigen des Verstorbenen und erwarb für wenig Geld die Malutensilien des Meisters — und damit auch gleich noch ein erst vorgezeichnetes Eimer-«Bödeli».[9]

4 Siehe Dialekt-Glossar.
5 Später malte Sibylle Neff dieses Haus und rapportierte damit Erinnerungen an jene Zeit. Siehe Bild Seite 33 und Text Seite 82.
6 Hier wohnt Sibylle Neff noch heute. Bild Seite 87.
7 Siehe Bild auf Seite 32.
8 Siehe Portrait auf Seite 30.
9 Siehe Abbildung Seite 12.

Der Ausbruchsversuch

Sie war schon zweiundzwanzigjährig geworden, als sie — wie sie es nennt — «aus meinen Träumen aufwachte: Ich versuchte, den Rahmen, der mir plötzlich so eng erschien, zu sprengen. Ich wollte eine ‹richtige Malerin› werden — mit Ausbildung und so; ich wollte bedeutendere Dinge malen als die vertraute, bescheidene Umgebung...» In der Familie wurde, nicht ohne Bedenken wegen den zu erwartenden Kosten, ein Besuch der Kunstgewerbeschule in St.Gallen erwogen. Mutter Neff — in Sorge im Blick auf all die Anfechtungen der Stadt, denen ein Mädchen vom Land ausgesetzt sein würde — stimmte nur unter Bedenken zu.

Sibylle wurde ohne Prüfung, nur aufgrund vorgelegter Arbeiten, in die Schule aufgenommen. Doch dieser Abstecher in die Stadt blieb eine kurze Episode; sie dauerte nur vier Monate. Dann zeichnete sich im Geschäft von Vater Neff eine Flaute ab, von der nicht vorauszusehen war, dass sie nur vorübergehenden Charakter hatte. Sibylle sah, dass ihr weiterer Schulbesuch nur durch Opfer der Familie möglich wäre, und drängte deshalb selber auf einen Abgang, obwohl sie sich «unter den Leuten in St.Gallen» wohl fühlte und von den Lehrern anspornenden und beglückenden Zuspruch erfuhr. Die Schulleitung wollte denn auch einen Schulaustritt verhindern, entsprechend mit den Eltern reden; doch Sibylle selbst verhinderte dies. Der Familie wollte sie nicht zur Last fallen. Von der Mutter hatte sie gelernt, dass man sich selber durchbeissen kann, wenn man muss. Sie verliess die Schule in der Hoffnung, einmal dahin zurückkehren zu können. Doch daraus wurde nichts. Später gestand Sibylle ein, sie habe eben damals die Auflehnung noch nicht gelernt gehabt.

Mit dem Schulverzicht fand sie sich leidlich ab; sie war ja dafür wieder daheim in vertrauter Umgebung, die sie nun doppelt schätzte; und sie war dankbar al-

Liebhaberei der Siebzehnjährigen: «Modezeichnen». Aus der Zeit noch vor dem kurzen Besuch der Kunstgewerbeschule.

Die Dreissigjährige im «Hof».

lein schon für die Förderung, die sie in wenigen Monaten genossen hatte: Sie hatte — nicht ohne Talent — modelliert, hatte vieles erfahren über Farbenlehre und Perspektive, hatte für das flüchtige Skizzieren viele Impulse empfangen und war vertraut gemacht worden mit dem gesamten Handwerkszeug des Malers. Zurück von der Kunstgewerbeschule, fuhr sie dort fort, wo sie zuvor aufgehört hatte: sie malte das Vertraute, Einfache — Natur —, die kleine Welt, die heile Welt.

Aber jetzt begann sie mit Energie zu malen, nunmehr auch unterstützt, ja gedrängt von der Mutter, nachdem diese gemerkt hatte, dass sich immer mehr Käufer einstellten und dass z. B. der damalige «Kulturchef» Dr. Grosser «ganz vernarrt» in Sibylles Bilder war.

«Marktgerechte» mütterliche Führung
Der mütterliche Einfluss auf Sibylles Malerei ist unterschiedlich zu werten. An einer weiteren künstlerischen Entwicklung war der Mutter wenig gelegen. Warum auch! Sibylles Bilder waren gesucht und wurden recht bezahlt — was wollte man mehr! Da Sibylle kaum Neigung zu Bekanntschaften mit Männern bekundete, musste das Kind nach Auffassung der Mutter vor allem für die Zukunft sorgen, und solche Vorsorge ergab sich aufs beste mit dem Malen von *verkäuflichen* Bildern. Künstlerisches Experimentieren war vertane Zeit! «Die armen Künstler!» pflegte Mutter Neff zu sagen, und sie meinte «arm» in des Wortes zweifacher Bedeutung. Der harte Existenzkampf, der unvergessene Kampf zur Wiedergewinnung des Ansehens in ihren jüngeren Jahren machten Frau Neff materiell zielstrebig auch für die Tochter. Diese sollte es einmal besser und leichter haben. Ihre Bilder schufen ihr Ansehen und Auskommen. Bilder liessen sich auch auf Vorrat malen — für kranke und alte Tage.

Ich selber entsinne mich gut jener Schaffensphase von Sibylle Neff: Als ich noch um 1960 herum, angeregt durch einen Artikel in der «Neuen Zürcher Zeitung» über die sogenannte «Bauernmalerin», ankehrte «im Hof», als Unbekannter herzlich aufgenommen von der ganzen Familie, die inmitten stilvollen Bauernbarocks und mehrerer Katzen musizierte und sang. Ich entdeckte in Mappen «allerlei Zeug», wie Mutter Neff abschätzig sagte, nämlich Skizzen zu Bildern, die mir deutlich machten, welch hervorragende Zeichnerin Sibylle war, und mich ahnen liessen, wie entwicklungsfähig die Malerin sein musste und dass sie zu weit mehr befähigt war als zur traditionsgebundenen Bauernmalerei. Mein Rat, sie solle doch aus diesem engen Rahmen auszubrechen versuchen, sagte der Malerin selbst sehr zu, stiess aber auf entschiedene Ablehnung der Mutter: Sibylle *müsse* malen, sagte sie — und Malen bedeutete für sie Bauernmalerei. Denn das kannte sie, und damit wusste man, woran man war.

Beim nächsten Besuch hatte ich den Leiter jenes Rotapfel-Verlages bei mir, der auch die Bilderbücher von Kreidolf herausgab. Auf das Erzähltalent Sibylles anspielend, versuchten wir ihr die Herausgabe eines Appenzeller Bilderbuches für Kinder mundgerecht zu machen. Sibylle war begeistert von der Idee. Aber es war wieder die Mutter, die bremste. «Bloss für ein Buch» zu schreiben — dafür war ihr die Zeit denn doch zu kostbar. Sibylle werde älter (sie war knapp über dreissig) und müsse deshalb, als Unverheiratete, materiell vorsorgen . . .

Sibylle Neff wurde von ihrer Mutter marktgerecht gesteuert. Das war verständlich aus mütterlicher Sicht. Aber es hat die künstlerische Entwicklung verzögert. Erst später merkte die alternde Mutter Neff, dass auch nach der Überwindung der starren Formen der Bauernmalerei die Bilder der Malerin ebenso gesucht, wenn nicht noch begehrter waren.

Immerhin: Die Mutter war immer begeistert von den Bildern ihrer Tochter, und oft seufzte sie: «Es war doch nicht alles umsonst!» Es war der körperlich schwerfällig gewordenen Frau auch nie zuviel, ihre Tochter auf Auslandreisen zu begleiten. Die Vorstellung, wie die zwei ungleichen Appenzellerinnen nach Paris reisten an eine Kunstausstellung, wie sie in einer

Das Bildnis vom Bauernmaler Joh. Bapt. Zeller, entstanden Mitte der fünfziger Jahre, ist eine der ganz wenigen Portraitstudien Sibylle Neffs. In diesem Bild weist sich die Malerin über völlig andere Qualitäten aus als in ihren üblichen Landschafts- und Personendarstellungen. (Öl auf Papier, 22,5 × 15,2 cm.)

Mutter Neff 1985 auf dem Krankenlager. Ausschnitt aus Zeichnung (30 × 22 cm). Um diese Zeit notierte Sibylle Neff auch: «Eescht wenn me de Ekel vome aame Chranke obewönde cha, isch me wet, de Name Mensch z'träge.»[10]

10 Siehe Dialekt-Glossar

Das Haus «zum Hof» in Appenzell, in dem Sibylle Neff die zweite Hälfte ihrer Kindheit verbrachte, zu malen begann und bis in die siebziger Jahre lebte und arbeitete.
(Ausschnitt aus einem Bild von 1969, Öl auf Papier, 31 × 24,5 cm.)

Das Haus im Schmittenbach (rechts vorne im Bild, vom Hang angeschnitten). Winterlandschaft Dorf Appenzell um 1979 (Öl auf Papier, 64 × 24 cm).

wohlfeilen Absteige im kleinen Zimmerchen auf einem mitgeführten Kocher «Älpler-Magronen» zubereiteten, ist geradezu komisch und wäre es wert gewesen, von Sibylle in einem Bilde festgehalten zu werden. (Es kam anlässlich jener Reise nur — oder immerhin — zu einem Pariser Bistro-Bild aus der Sicht appenzellischer Bauernmalerei.)[11]

Und ganz entschieden einzuräumen ist eines: Gerade ein freischaffender Künstler bedarf in hohem Masse der Arbeitsdisziplin und Selbstzucht. Den Anstoss dazu erhielt Sibylle von ihrer Mutter. Der zahlenmässige Umfang von Sibylle Neffs Werken ist nicht zuletzt dem mütterlichen Drängen zu verdanken.

Sibylle hat stets die guten Absichten ihrer Mutter anerkannt und auch erkannt, dass die Triebfeder dazu in deren Jugenderfahrungen lag.

Nach dem unerwarteten Tod von Vater Neff im Jahre 1977 häuften sich bei Mutter Neff Krankheiten. Nunmehr im eigenen Haus am Landsgemeindeplatz wohnend, wurde sie während längerer Zeit von Sibylle aufopfernd gepflegt, derweil die Malerei ruhen musste. 1986 starb die Mutter. Sibylle Neff machte sich, gereift, bereit für eine neue Phase ihres künstlerischen Schaffens.

11 Siehe Bild auf Seite 79.

Die Unbequeme

Das Plakat

An der Landsgemeinde von 1985 in Appenzell geschah für die mit Schirm und Säbel bewehrte Männermenge Unerhörtes. Eben war die «urdemokratische» Versammlung feierlich eröffnet worden, da hängte Sibylle Neff aus einem Fenster ihres den Landsgemeindeplatz säumenden Hauses ein übermannshohes Plakat mit einer unmissverständlichen Karikatur: Eine am Boden kniende, schrubbende Frau, darüber — einen Fuss auf ihrer Schulter — ein hochaufgerichteter, mit Degen bewaffneter Landsgemeinde-Mann mit erhobener Schwurhand. Aus offenem Sarg blickt eine Greisin.

Für einen Ortsfremden liegt der Gedanke nahe, mit diesem Plakat habe die Appenzeller Malerin dagegen protestiert, dass den Appenzellerinnen (in Inner- *und* Ausserrhoden) noch immer als den einzigen Schweizerinnen das kantonale und kommunale Wahlrecht vorenthalten wird. Doch gar so einfach ist die Sache nicht. Noch 1981 gehörte Sibylle Neff nämlich keineswegs zu jenen Innerrhoderinnen, die das Frauenstimmrecht forderten. Etwas sarkastisch fragte sie damals noch: «Gleiche Rechte für Mann und Frau? Doch wir wollen ja nur an die Landsgemeinde, nicht aber auch zum Militär!» Vier Jahre später hatte sie ihre Meinung geändert, «... weil uns ungut gesinnte Männer bodigen wollen, da wir ja ‹nur Frauen› sind!» Heute meint sie einsichtig und versöhnlich: «Wenn Frauen das Stimmrecht nicht wollen, finde ich das fraulich; wenn Männer es nicht geben, dann halte ich das für unmännlich.»

Was immer im einzelnen die Gründe für den Anachronismus sein mögen, dass in Appenzell das Frauenstimmrecht fehlt — damit handeln die schwörenden Männer ihre Frauen entschieden unter ihrem Wert. In der Familie ist die Appenzellerin als Frau und Mutter weit mehr zentrale Figur als manchenorts, wo moderne Einflüsse die Stellung der Eltern schwächen. Sie ist stolz und selbstbewusst und hält im Haus die Zügel in der Hand, was auch auf eine Zeit zurückgehen mag, wo die Frau als Heimstickerin auch dringend benötigtes Bargeld für die Familie mitverdiente. Die Appenzellerin ist praktisch und häuslich und schaut zur Habe. Oft denkt sie logischer als ihr Mann, kann zähe verhandeln, wenn es sein muss. Nicht selten ist die Bäuerin geschickter als ihr Gatte, wenn es etwas zu schreiben gibt oder zu telefonieren gilt, stellt nüchtern klar oder die richtigen Zusammenhänge her, wenn Ehemann oder Söhne vom täglichen Gang in die Milchzentrale — dem Umschlagplatz von Informationen, Gerüchten und deren männlichen Deutungen — heimkehren. Es gibt Leute, denen scheinen in Appenzell selbst die Klosterfrauen realitätsnäher zu sein als anderswo ...

Zutiefst im Urgrund aller politischen Mechanismen, in der Familie, wirken die Appenzellerinnen selbst ohne formales Stimmrecht durch ihren Einfluss politisch. Aber mit diesem Hebel indirekt politisch zu wirken, ist der Unverheirateten verwehrt — und das empfinden selbstbewusste Frauen. Und das mag es denn auch sein, was die unverheiratete Sibylle Neff drängt, sich politisch — im weitesten Sinn — zu äussern. Sie muss dies zwangsläufig mit jenem Nachdruck tun, ohne den eine Frau in Innerrhoden ganz einfach von der alles bestimmenden Männerwelt übertönt würde.

Sibylle Neffs karikaturistisches Plakat an ihrem Haus anlässlich der Landsgemeinde von 1985. Foto von Max Reinhard, Teufen/AR.

Als Ein-Frau-Partei greift sie gern mit Inseraten in Wahlkampagnen ein. Etwa: «Wählt XX zum neuen Polizeidirektor. Er ist nicht gewalttätig und erst noch klug!»

Das sei verstanden worden, sagt sie; an Wirtshaustischen bei geistigen Getränken hätten die Männer damals allgemein gesagt: «Joho, Jooho, seb ischt jo woh, seb heme gaz vegesse. Nei, denn passt e nüd!» Besagter Inserattext war unterschrieben mit «Bürger, die vor- und rückwärts denken». Das ist überhaupt ihre Philosophie, die auch einen Schlüssel zum Verständnis ihrer scheinbar nur in die idyllische Vergangenheit gerichteten Bilder bildet: «Wer für die Zukunft lebt, muss auch mit der Vergangenheit leben. Wer mit der Vergangenheit lebt, lebt für die Zukunft. Wer nur für die Gegenwart lebt — ist ein Egoist!»

Sibylle Neff ist weder Feministin noch engagierte Männerfeindin. Sie wahrt lediglich sachlich-kritische Distanz zu den Männern und sieht sie, wie sie sind, und nicht, wie sie scheinen möchten. Ironie blitzt in ihren Augen, wenn kühner Mannesmut der Appenzeller historisch beschworen wird, wenn etwa am 14. Mai die Appenzeller (und natürlich *nur* die Männer) zum Schlachtfeld am Stoss wallfahren, wo freilich — wie Sibylle Neff ebenso geschichtskundig wie maliziös anfügt — damals, 1405, nicht nur der legendäre Ueli Rotach heldenhaft gewirkt habe, sondern in der Schlacht hätten Appenzeller *Frauen* «durch ihr Erscheinen den bedrängten Männern nachgeholfen ...» Doch das eingangs erwähnte Plakat war weit weniger eine Manifestation gegen fehlendes Frauenstimmrecht als eine Aktion unter vielen gegen Selbstherrlichkeit und Willkür des völlig männlich dominierten Appenzeller Behördenapparates. Und es gab manche Betrachter, welche jene Karikatur weit weniger unanständig fanden als den Zustand, der damit kritisiert wurde.

Der Filz
Sibylle Neff gilt seit Jahren als Behördenschreck. Darauf angesprochen, räumt sie freimütig ein: «I weess — i bi halt e ke Ringi!»[12] Dass sie in der Tat manchem unbequem ist, stösst bei vielen auf offenen, noch häufiger auf heimlichen Beifall. Das Spottgedicht auf sie, das ein Lehrer im Lokalblatt veröffentlichte, klingt denn auch weniger empört als gutmütig-verständnisvoll:
«En Innerrhoder Künschtleri
molt mengmoll Puurebölder.
Doch der Umgang mit Behörde
macht si alltag wölder!»[13]

Sibylle Neffs malerisches Schaffen lässt sich von appenzellischer Eigenart ebensowenig trennen wie ihr Unbequemsein von jenen politischen Gegebenheiten Innerrhodens, die den Schriftsteller Fritz René Allemann[14] veranlassten, von Appenzell als von einer «Hochburg des Eigenwillens» zu schreiben, oder die den einstigen berühmten Landammann und Ständerat Raymond Broger bewogen, die verfassungsmässigen Merkwürdigkeiten Innerrhodens als eine «organische Gewaltenkonfusion» zu bezeichnen. Solches mag für den Aussenstehenden zu den faszinierenden Absonderlichkeiten, zu den gerade wegen ihrer Merkwürdigkeit originellen und liebenswerten Eigenheiten eines Kantons gehören, und es steht ihm schon deshalb nicht an, zum innerrhodischen Eigenwillen kritische Anmerkungen zu machen, weil man nach dem Eingeständnis des Lokalredaktors Werner Kamber mit Drohungen den Innerrhoder höchstens bockbeinig mache. Anderseits machen es diese Absonderlichkeiten der politischen Strukturen möglich, dass sie, wie der gebürtige Appenzeller Dr. Peter Hersche[15] es formulierte, «einer relativ homogenen politischen Schicht ermöglichen, sämtliche Machtpositionen im Staat ungeteilt und unangefochten für sich zu vereinnahmen in einer Weise, die auch die der Landsgemeinde zugedachte Kontrollfunktion zur Farce macht. Einer nach dem Modell der parlamentarischen Demokratie organisierten Opposition wird in dieser Machtverfilzung das Hochkommen recht schwer gemacht, um so mehr, als alle Wahlen nach dem Majorz- (und nicht dem Proporz-) Verfahren stattfinden ...» Und zum allseits gepriesenen Bild der so direkt- und urdemokratischen Landsgemeinde meint Hersche: «Dass dieses Idealbild einiger Korrekturen bedarf, wissen nicht nur theoretisierende Politikwissenschafter, sondern auch nicht wenige Einheimische recht gut.»

Als Wichtigstes von dem, was auch den Hintergrund für Sibylle Neffs widerborstiges Wirken als Bürgerin bildet, bezeichnet Allemann: «... dass Innerrhoden als einziger Schweizer Kanton kein eigentliches Parlament und nur eine sehr rudimentäre Gewaltenteilung kennt. Wohl gibt es auch hier einen Grossen Rat, dem die Vorberatung der Gesetze zu Handen der Landsgemeinde und der Erlass von Verordnungen während der Zeit zwischen den alljährlichen Versammlungen der Stimmbürger zusteht. Aber diese Körperschaft wird nicht etwa eigens gewählt: sie fasst einfach die insgesamt 53 ‹Bezirksräte› jener sechs Bezirke zusammen, die hier praktisch die Rolle der nicht existierenden Ortsgemeinden spielen, und gesellt ihnen — mit vollem Stimmrecht — ex officio die neun Angehörigen der Standeskommission bei. So wundert es kaum mehr, wenn der Regierende Landammann — also der Vorsitzende der Exekutive — gleichzeitig als Grossratspräsident — also als Leiter der legislativen Versammlung — fungiert. Diese ganze höchst ungewöhnliche

---
12, 13 Siehe Dialekt-Glossar.
14 Fritz René Allemann in «25mal die Schweiz», Piper Verlag, München.
15 Dr. Peter Hersche in «Tages-Anzeiger», Zürich vom 19.11.1977.

Konstruktion hat Arnold Künzli zu der pointierten Frage bewogen, ob Montesquieu eigentlich nicht bis Appenzell gekommen sei. Und in der Tat muss, im Lichte der Lehre von der Trennung der Gewalten, ein quasi-parlamentarisches Gremium, das sich ausschliesslich aus den Inhabern der ausführenden Gewalt (im Kanton und Bezirk) zusammensetzt, als eine Art Monstrum aus der Vorzeit des Rechtsstaates erscheinen, das man nur mit Kopfschütteln zur Kenntnis nehmen kann ...

Und schliesslich wird man es auch als eine innerrhodische Eigentümlichkeit verzeichnen müssen, dass hier bei allen eifersüchtig gehüteten Rechten des Bürgers und aller durchaus vorhandenen Ungebärdigkeit gegenüber den konstituierten Autoritäten noch ein ausgeprägt patriarchalischer Regierungsstil vorwaltet: der Landammann ist keineswegs, wie der Regierungspräsident anderer Kantone, bloss ein ‹primus inter pares›, sondern er vereinigt noch eine tatsächliche Machtfülle in seiner Hand, die nicht so bald ihresgleichen findet. Eine starke Persönlichkeit zumal kann hier wirklich noch die Funktion eines ‹Regenten› ausüben — nicht zuletzt deshalb, weil der Landammann regelmässig noch eine Fülle weiterer Ämter und Aufgaben an sich zieht. Nichts ist für seinen unerhörten Einfluss bezeichnender, als dass selbst die Geschäftsprüfungskommission, der die Kontrolle der Regierungstätigkeit (...) seiner Leitung untersteht: er ist also Kontrolleur und Kontrollierter in einem ...»

Damit sei hier weder ein bestimmter Landammann noch der Landammann schlechthin ins Visier genommen, sondern ein politischer und behördlicher Machtapparat im allgemeinen, in welchem personell alles versippt ist; wo Grenzen zwischen Wirtschaft und Politik verwischt, gesetzgebende, ausführende und richterliche Gewalt verfilzt sind. Unter solchen Umständen liegt für Potentaten mancher Couleur und vieler Kaliber die Versuchung nahe, eine Hand die andere waschen zu lassen, vor allem dann, wenn es sich um die Linke und die Rechte der gleichen Person handelt, und fatal dann, wenn in einem solchen Fall die Linke recht wohl weiss, was die Rechte (wenn auch heimlich) tut. Machtanmassung, Macht des Stärkeren, Arroganz der Macht — das gedeiht auch oder sogar besonders in der «kleinen Welt». Wo sie zu wenig kontrolliert werden, kann der eine dem andern oder einer sogar sich selbst leicht den Dreck zudecken. Wo einer Beziehungen zum Behördenapparat spielen lassen kann, um seine persönlichen Interessen als öffentliches Interesse deklarieren zu lassen; wenn ein Gericht unter einem Präsidenten gegen die Familie eines Spenglers entscheidet, der ein gewerblicher Konkurrent des Schwiegervaters dieses Präsidenten ist; wenn eine Bergbahn- und Skilift-AG im Tal hinter Appenzell dank Machtfilzfülle alle(s) — im Doppelsinn des Wortes — zu überfahren vermag — in solchen und ähnlichen Fällen mag schon bei manchem Bürger, der über Beziehungen bis ins dritte und vierte Glied der kleinkarierten Mächtigen nicht verfügt, Misstrauen keimen, und es ist ihm nicht zu verargen, wenn er — einmal durch Schaden klug geworden — von Machtanmassung als örtlichem Normalfall ausgeht; und es wird verständlich, wenn er resigniert: «Man kann ja doch nichts machen!»

Der Protest
Sibylle Neff hat, zusammen mit der alten Mutter («bloss zwei alleinstehende Frauen!»), und später allein, vielerlei Behördenwillkür erlebt. Und weil es solche erwiesenermassen gab und sich als überhaupt möglich erwiesen hatte, mag gelegentlich auch blosser Verdacht auf Willkür dort zur Gewissheit geworden sein, wo er ungerechtfertigt war.

Es war nie Sibylle Neffs Art, klein beizugeben und zu sagen, da könne man eben nichts machen. Sie machte etwas! Wo geistige Zwerge leicht zu beamteten Riesen werden, entwickelte sie eine beharrliche Gegenkraft und setzte der Obrigkeit mit Eingaben, regelmässigen Leserbriefen und auch mit unkonventionellen Mitteln zu, beflügelt vom Gedanken, dass sie sich auch für jene wehren müsse, die sich selbst nicht helfen können oder dürfen, für jene, die nicht über die Unerschrockenheit und die materielle Unabhängigkeit einer Sibylle Neff verfügen. In solchem Zusammenhang erkannte die Malerin sehr wohl auch den Wert dieser von ihrer Mutter stets gepriesenen und geförderten materiellen Unabhängigkeit. Und sie fand auch eine andere von mütterlicher Seite vermittelte Lebenserfahrung bestätigt: Dass rücksichtslos überfahren werde, wer sich nicht wehre.

So wurde Sibylle Neff manchen auf eine recht heilsame Weise unbequem, weil sie sich wehrt und sich nichts Unzumutbares gefallen lässt. Und es konnte nicht ausbleiben, dass es gerade selbstgefällige oder selbstherrliche oder inkompetente politische Funktionäre und Beamte waren, die bevorzugte Zielscheibe Neffschen Spottes wurden. «Beim Verlassen der Kirche ist ihr Heiligenschein neu poliert — aber einem in die Augen schauen können sie nicht!», meint die Malerin ironisch.

Wo immer sie Unrecht gegenüber sich oder anderen sah oder vermutete, reagierte sie. Über ein hohes Mass an Zivilcourage verfügend, sagte sie es offen. Sie macht — malend — zwar aus ihrem Herzen eine Idylle, als Bürgerin aber keine Mördergrube. Sie setzt sich deswegen gelegentlich dem Spott gewisser Leute aus. Aber das ficht sie nicht an. «Deswegen bin ich keine Arme, warum auch? Wenn ein Mensch vor dem Tod keine Angst hat, ist er nie ‹arm›!»

Im übrigen kennt sie ja auch ihre appenzellischen Pappenheimer. Sie kennt ihr Ländchen wie kaum eine Zweite und weiss deshalb auch, dass die «organische Gewaltenkonfusion» (Raymond Broger) gewissermassen naturgegeben ist: Die geringe Bevölkerungszahl einerseits und die dennoch grosse Zahl von Ämtern und Verwaltungsstellen anderseits führen zwangsläufig dazu, dass oft Leute in Ämter gelangen, die hiefür nicht unbedingt fachlich und charakterlich optimal geeignet sind, und dass die geringe Zahl fähiger Männer alle möglichen und zum Teil untereinander wenig zu vereinbarenden Ämter in einer Person vereinigen muss. Wo aber sogar Ämterzwang herrscht, wo die Besetzung von Ämtern mit Leuten mit zweifelhaften Voraussetzungen nicht selten ist, wäre eine rigorose Gewaltentrennung besonders nötig. Da diese fehlt, muss nach Meinung von Sibylle Neff die Kontrolle durch die Öffentlichkeit um so stärker sein. Dabei mitzuwirken, obwohl oder gerade weil sie «nur» eine Frau ist, hält sie für ihre Mission.

Doch die hier im Vordergrund stehende Frage ist, ob ihr bei der Ausübung dieser Mission nicht die Idyllenmalerin, die «Naive», die Malerin der «heilen Welt», in die Quere kommt — oder umgekehrt.

Das Positive
Man darf nun freilich Sibylle Neff als Bürgerin nicht nur als scharfzüngige oder schlagfertige — auch belesene (sie zitiert gerne, sarkastisch etwa Shakespeare: «Es gibt zwei Sorten von Menschen: Die Gerechten und die Ungerechten. Die Einteilung wird von den Gerechten besorgt») oder ironische Kritikerin sehen. Ebenso engagiert äussert sie sich über Positives, indem sie es betont in Gegensatz zum Negativen stellt. Das ist ein Merkmal auch ihrer Malerei, in der sie die Idylle nicht deshalb malt, weil es diese in der Realität gäbe, son-

«Bagger frisst die Landschaft». Bau der Umfahrungsstrasse bei Steinegg, 1974. (Öl auf Papier.)

Technische Impressionen in der Landschaft um Appenzell. Blatt 30 × 24 cm aus dem Skizzenblock.

dern um damit die mehr und mehr unidyllisch gewordene Wirklichkeit bewusst zu machen — auch in dieser Hinsicht missionierend.

Über einen Verstorbenen beispielsweise schrieb sie im Lokalblatt: «Wo die Gesetze versagen, da gab es einen Mann, einen senkrechten, lauteren, den keine Schmeichelei persönlicher oder finanzieller Art abhalten konnte, für Recht und Gerechtigkeit zu kämpfen. Wo hat er nicht überall geholfen, indem er soviel Zivilcourage hatte, dass er quasi als Aufsichtsbehörde (und zwar allein auf weiter Flur) sich fürs Recht einsetzte! Unzählige Leser haben Trost gefunden in seinen Leserbriefen. Er hat unzählige Leserbriefe und Anklageschriften an Regierung und Staat verfasst, um sorgend den sich ums Recht geprellten Bürgern zu helfen ...»

Er hatte zu Lebzeiten getan, was Sibylle Neff auch tat und tut. Und dass solches Tun so völlig unnötig nicht war und ist, zeigte sich beim Leichenbegräbnis des von der Malerin so gelobten Mannes. Das Lokalblatt berichtete darüber von einem «auffallend grossen Grabgeleite», das bezeugt habe von der «Wertschätzung» die man dem Verstorbenen «aus allen Teilen der Bevölkerung entgegenbrachte».

Der bekannte politische Publizist Oskar Reck schrieb einmal: «Engagierte Kritik kommt nur aus der Zuneigung.» Angesichts von Kritik neige man zur Frage: «Und wo bleibt das Positive?»

Und noch immer wird Kritik am eigenen Land verdächtigt, Nestbeschmutzerei, ein Sakrileg zu sein. Dabei pflegt man ja meist nur zu kritisieren, was man gerne anders, besser hätte; und besser haben möchte man doch nur das, was einem wert ist: «Der Kritiker denkt nicht nur an das Jetzt, sondern vor allem an das Kommende, das seines Erachtens besser sein soll ...», sagte Reck und kam zum Schluss: «Folglich schulden wir allen regen Geistern Dank, die das Kommende mitzudenken vermögen.» Kritik in solchem Sinne ist auch Politik.

Viel von solcher «Politik» schwingt auch mit in Sibylle Neffs kritischem Aufbegehren: Die Idyllen, die sie malt von ihrer engeren Heimat, bilden keinen romantisierenden Gegensatz zur harten Kritik an manchem in eben dieser engeren Heimat: Sie sieht eine gute und natürliche Umwelt und möchte die politische Umwelt ebenso gut haben. Sie malt das eine und kämpft für das andere. Und beides gehört zusammen und macht das aus, was «Heimat» ist oder sein soll. Erhaltens- oder erschaffenswerte «heile Welt» bedeutet ja schliesslich auch Recht und Ordnung, Frieden und Harmonie und unteilbare Gerechtigkeit für alle.

Gründete ihre Kritik als Bürgerin nicht letztlich in Zuneigung — wie könnte sie ihre Umgebung in ihren Bildern so unbekümmert verherrlichen!

Und deshalb ist sie als «Unbequeme» ernst zu nehmen. Bei ihr paart sich ein gesundes, dank mancherlei Erfahrung sensibilisiertes Rechtsempfinden mit der Unfähigkeit, Unrecht (oder was sie dafür hält) nur — wie allzu viele — mit der Faust im Sack hinzunehmen. Dass sie ihre Kritik häufig rede- und schreibgewandt kundtut, hängt zusammen mit jener Neigung, die auch in der Malerei zum Ausdruck kommt: sie muss erzählen; sie malt als Chronistin; und auch ihre Kritik setzt sich allemal aus Geschichten zusammen. Die Gabe des malenden Erzählens führt sie dazu, auch abseits der Malerei scheinbar Gegebenes zu hinterfragen, hinter Fassaden zu spähen, blosse Fassaden als solche zu erkennen, Fehlwüchse episch zu erläutern und — wie in ihren Bildern — die Dinge an ihren rechten Platz, Sachen «ins Recht» zu stellen.

Um es nochmals zu sagen: Verbale Kritik, oft harte Kritik an gesellschaftlichen Schattenseiten ihrer Heimat einerseits und anderseits dieselbe Heimat als gemalte

Idylle — das ist nur scheinbar ein Widerspruch. Beides gehört zusammen, und bei Sibylle Neff wäre das eine ohne das andere gar nicht denkbar. Es ist deshalb verfehlt, sie als malende Idyllikerin oder als eine für die Realitäten blinde Naive zu sehen. Diese Erkenntnis wird im übrigen durch nicht wenige Bilder unterstrichen, die durchaus kritisch, aber wohl gerade deswegen nicht besonders bekannt und bezeichnenderweise schon gar nicht populär sind.

Das Original
Eine Region und ein Völklein, das als Idylle gilt, zu kritisieren, scheint besonders verwerflich. Anderseits ist eben doch auch zu bedenken, dass gerade dort, wo die Vorderseite der Medaille besonders schön ist, die weniger schöne Kehrseite, die es ja überall gibt, auch in ganz besonderem Mass als unschön auffallen muss. Das fällt nicht erst heute ins Auge, sondern das äusserte zum Beispiel ein Ulrich Hegner[16] schon am Anfang des vorigen Jahrhunderts, also zu einer Zeit, als sich die Idylliker in ganz Europa nicht genug tun konnten in der Lobpreisung des geradezu elysischen Appenzell: «Man mag sich auch (...) über manche Geschmacklosigkeiten aufhalten (...); wo alle Meister sind, da hält es schwer, das Ungereimte von dem Herkömmlichen zu sondern, jedes Licht hat seinen Schatten. Die Appenzeller sind nicht das einzige Volk, bei dem der Geschmack in umgekehrtem Verhältnis mit der Freiheit steht und stand ...»

Und ein Walter Zuberbühler[17] sekundiert: «Eine hartnäckige Missachtung, ja Verachtung alles wahrhaft Geistigen lässt sich im Land der Diminutive (...) kaum leugnen...»

Das sagt auch einiges aus über das heutige geistige Klima, in dem Sibylle Neff arbeitet und wirkt. Es ist ein Klima, in dem (nach Zuberbühler) «... das *«man»* bestimmt, was liebenswert und hassenswert, was gut und böse, was schön und hässlich (...) ist ...» Das Gewicht von «man» macht Zivilcourage, die gegen den Stachel löckt, zum Wagnis, zumal für eine Frau in einer Region, wo nicht nur «man», sonder auch *Mann* ebensowenig durch Mut besticht wie der Appenzeller Bless.

Der Umstand, dass Sibylle Neff als Bürgerin häufig als Rebellin wirkt und erscheint, als eine, die unbequem ist, weil sie damit bewirken will, dass Behörden wenigstens aus lauter Bequemlichkeit recht-schaffen wirken — dieser Umstand machte es erforderlich, hier etwas einlässlicher auch auf die Hintergründe, auf die Voraussetzungen Neffscher Aufsässigkeit einzugehen. Dasselbe schien aber auch geboten, um deutlich zu machen, dass zwischen dieser Renitenz als Bürgerin und der aufs innigste heimatverbundenen Malerin kein Widerspruch besteht. So entspricht es durchaus einer inneren Logik, wenn die Malerin von ihren Appenzeller Bildern erklärt, sie werde diese nie dem Stande Appenzell vermachen, sondern wohl eher einer Stiftung für alleinstehende Mütter.

Und schliesslich bleibt auch festzustellen, dass man dem vielseitigen künstlerischen Werk der Malerin erst dann vollends gerecht zu werden vermag, wenn man die persönlichen Motive kennt, die sie zum Malen veranlassen. Und zu diesen Motiven gehört nicht zuletzt ihre Kenntnis auch der unschönen Realität dessen, was sie als «heile Welt» malt.

Wäre Sibylle Neff in Appenzell ein Mann — man empfände sie dort mit aller Gewissheit als ein «Original», mit dem sich sogar fremdenverkehrsfördernd werben liesse wie mit jenen männlichen «Originalen»,

16 Ulrich Hegner in «Die Molkenkur», erschienen 1812—1819.
17 Walter Zuberbühler in «Appenzellerland», Verlag Arthur Niggli, Teufen/AR, 1964.

die an Volksabenden für Touristen ebenso gedächtnisstark wie unermüdlich mit Appenzeller Witzen brillieren. Als weibliches Original scheidet sie zwangsläufig die Geister.

Sie ist in der Tat «ke Ringi». Aber wäre sie bequemer, wäre sie eine schlechtere Malerin. Doch mit einer Gesellschaft, die nicht auch weibliche Originale und Unbequeme zu ertragen vermöchte, stimmte etwas nicht!

Zu ähnlicher Toleranz musste sich freilich auch Sibylle Neff gelegentlich anhalten lassen. In einer ihrer Rechtshändel mit einer Appenzeller Amtsstelle wurde sie etwa von ihrem Anwalt (und gleichzeitig Landammann) mit einem englischen Sprichwort, gemünzt auf den Amtsinhaber, getröstet: «Du kannst ein Pferd in den Stall bringen; aber zehn Männer können es nicht dazu bringen, zu saufen!» Wobei der Anwalt Carlo Schmid anfügte: «... ohne dass ich damit allerdings den Amtsinhaber mit einem Pferd verglichen haben möchte!»

Was immerhin beweist, dass es in Appenzell durchaus auch echten, geistvollen Witz gibt.

«Scherz, Satire, Ironie und tiefere Bedeutung»[18]

Renitenz und Querluliererei gegen die Obrigkeit haben selten eine humorige Seite. Naive Weltsicht äussert sich kaum je ironisch, schon gar nicht satirisch. Und die Werke alter Bauernmaler bestachen nie durch scherzhafte Darstellungen oder Witzigkeit. Bei Sibylle Neff findet sich alles zusammen.

Sie hat vor allem das, was der Appenzeller gemeinhin nur als Image hat: Witz. Ihr Protest gegen Übergriffe der Amtsgewalt ist oft in Ironie getränkt oder trägt gar eine satirische Note. Ihre Bilder wiederum sind erfüllt von jener inneren Heiterkeit, die nur echtem Humor entspringen kann. In Spuren ist all das in ihren Bildern spürbar.

Sibylle Neff hat alles das, was einen Karikaturisten auszeichnet: einen scharfen Blick für wesentliche Merkmale, einen kritischen Geist und jene Dosis Ironie — gepaart mit Witz —, die sie befähigen, etwas pointiert auszudrücken.

Diese Gabe kommt in gewissen Bildern zum Ausdruck, dort etwa, wo sie Gassen- und Marktszenen malt oder beispielsweise im Bild vom ärztlichen Wartezimmer[19], dann und wann auch in zeichnerischen Skizzen, wie etwa in jenem Blatt von den «3 Geissen», in dem sie zwei naseweisen Mädchen, die unter Touristen vor ihrem Fenster flanierten, eine Ziege zugesellte.

Karikaturistisches kann vor allem durchbrechen, wo Sibylle Neff «Gebrauchsgraphik» betreibt, um mit Nachdruck auf Mängel hinzuweisen. Zum Beispiel auf ihr Haus, von dem sie — wenig angenehm — nur eine merkwürdige Hälfte besitzt, ein halbes Dach, was sie veranlasst, ironisch dem hl. Martin für die Hälfte zu danken. Und der Dominanz appenzellischer Männer widmete sie ein Plakat, das jedem Satire-Blatt zur Zierde gereichen würde und das während einer Landsgemeinde einiges berechtigtes Aufsehen erregte.[20]

Satiriker und Karikaturisten sind in der Regel gekränkte Idealisten, Weltverbesserer. Sie möchten die Welt besser haben und wollen Anstoss zu Verbesserungen geben, indem sie die Mängel übertrieben darstellen. Bei solchem gezieltem Moralisieren bedient sich Sibylle Neff freilich lieber der Feder als des Pinsels. Ebenso häufig, wie sie Eindrücke zeichnerisch festhält, notiert sie Eingebungen schriftlich. Und sie schreibt sehr präzise und sehr kritisch!

Typisch für Tagebucheintragungen solcher Art mögen ihre glossierenden Bemerkungen über eine Beerdigung sein.[21]

Hat sie eine kritische oder sarkastische Sentenz bereit, die zu einem aktuellen Anlass passt, lässt sie diese häufig im Lokalblatt erscheinen. Doch ebenso viele finden sich flüchtig hingekritzelt auf achtlos in der Wohnung herumliegenden Papierfetzen. Etwa: «Es gibt hier Leute, die — weil sie Frühaufsteher sind — glauben, der Tag gehöre nur ihnen — und auch die Macht über die Menschen, die noch schlafen.»

Man entsinnt sich vielleicht der Formulierung von Albert Schweitzer: «Wer glaubt, dadurch ein Christ zu

---

[18] Titel eines Lustspiels von Christian Dietrich Grabbe (1801–1836).
[19] Siehe Bilder auf den Seiten 89 und 45.
[20] Siehe Foto auf Seite 35.
[21] Siehe Seite 49 und Dialekt-Glossar.

«Drei Geissen»

Der heilige Martin und das geteilte Haus.

Hl. Martin
wir danken dir für unser halbes Haus. Wir bitten dich dass alle Familien, welche reif an Jahren ein eigenes Dach über dem Kopf haben, erlangen?

sein, weil er die Kirche besucht, irrt sich. Man wird ja auch kein Auto, wenn man in eine Garage geht.»

Das ist ganz nach dem Geschmack der tief gläubigen Sibylle Neff, die es ihrerseits so sagt: «Am Morgen rennt man in die Kirche, dann streut man Salz auf die Schnecken!»

Oder: «Gad ee Sote Lüüt mögid mi nüd; die wo ase 'eligiös ond 'echtschaffe söd. Mi net's wonde, ass mi nüd uusbürgerid, abe i globe halt, s'wöö uff em Eebschaftsamt obe oolei'g»[22]

Oder: «Em aame Höndli get me de Gnadeschuss. Abe d'Lüüt tuet me häli-häli tööde!»[23]

In Kümmernis notierte sie: «Meinen Kummer hätte ich schon längst dem Tierschutz geklagt, wenn es einen Menschenschutzverein gäbe!» Und über einen Regierungsbeamten witzelt sie in Notizen: «Zu ihm gehe ich sowieso nicht, da er sowieso nur sowieso sagt!» Und selbstkritisch schrieb sie: «Früener het's Muet bruucht, z'kommuniziere. Hüt bruucht's Muet zomm hockebliibe, d'Sönde iizschtoo ond sich vo sich sölber z'scheme!»[24]

Auf einem Notizblatt gesteht sie: «Darum muss ich soviel reden: weil ich den Leuten eine Gebrauchsanweisung geben will, um mich zu verstehen.»...

Gemütvoll ist sie; ihr Mitleid wird rasch wach und auch ihr Helferwille; aber gleichwohl ist sie erfrischend unsentimental. In der Küche sitzend, wo sie am liebsten malt, bei Radiomusik, lassen sie auch die schluchzendsten Schlager völlig ungerührt. Ich hörte sie einmal mitsummen, als eine schmelzende Stimme aus dem Radio klang: «Es geht eine Träne auf Reisen ...», und dazu halblaut murmeln: «Soll sie doch gehen, dann ist sie wenigstens weg!»

Angriffig kann sie sein, in der Tat, und das mag manchen (der einen Angriff verdient) stören. Fast mädchenhaft impulsiv fragt sie manchmal einen Vertrauten: «Was meensch? Bin ich zu frech?» Und dann gesteht sie sogleich bedauernd: «Schlimm ist, dass ich gut sein möchte, aber nicht gut sein darf.»

Sie ist nicht der einzige Mensch, der nett sein möchte, aber oft nicht nett sein darf, weil die Umstände es nicht zulassen. Aber Sibylle Neff weiss ihre Un-Artigkeiten zumindest so zu formulieren, dass man eindeutig weiss, woran man ist. Und das ist nicht wenig in einer Gesellschaft, in welcher Duckmäuser nicht eben selten sind.

«Männer, und besonders Politiker, sind nicht sehr mutig», sagt Sibylle Neff. «Ich nehme mir den Mut, die Wahrheit zu sagen. Deshalb bin ich für viele «e ke Ringi» (keine Bequeme)!»

22, 23, 24 Siehe Dialekt-Glossar.

Aus der Nähe des Karikaturistischen dürften im übrigen jene Impulse kommen, die im Sommer 1989 anzukündigen schienen, dass die Malerin an eine Ausweitung ihrer Ausdrucksmittel denkt. Zwar will sie weiterhin in der bisherigen Art jene Art Bilder malen, die «lieb» und die vor allem auch ihr lieb sind. Daneben aber möchte sie nun auch bewusst «unidyllische» Bilder malen, Botschaften sozusagen, die sie sonst schriftlich ausdrückte, Bilder des direkten Protestes, gemalte Pamphlete. Dafür will sie sich der Aquarelltechnik bedienen und grossflächiger, auch rascher malen als in der überaus zeitraubenden Miniaturmanier in Öl. Von solchen Bildern, so sagt sie, werde sie sich auch leicht trennen können.

Das erste Bild dieser Art — das erste überhaupt, das sie aquarellierend zu machen versuchte — war bezeichnenderweise thematisch eine Art Psychogramm. Es stellt sie selbst dar, wie sie sich fühlt und wovon sie sich befreien möchte — sie nannte es «Alptraum Nr. 1»: Ihr Gefühl des Ausgesetzt- und Ausgezogenseins, schief angesehen, erniedrigt, verächtlich gemacht, in Fesseln — wie ein Stück Vieh. Und in den menschlichen Typen, welche das geiläugige oder hämische Publikum bilden, ist das ganze Sammelsurium einer bigotten und verklemmten Gesellschaft vertreten.

Noch wirkt dieser Versuch, den die Malerin selbst als «Probestück» bezeichnet, in seiner Aquarelltechnik eher dilettantisch; doch das kann und wird sich ändern. Aber einzelne, insbesondere karikaturistische Elemente (etwa das Bäuerlein in der Türe) lassen die Meisterhand der Zeichnerin ahnen. In der Aussage ist das Bild stark und deutlich. Und wie die gewohnten Idyllenbilder enthält es Details, die «Geschichten» sind. Die Malerin kann von jeder der dargestellten Personen «erzählen». Hier bezieht die «malende Chronistin» sich erstmals in ein Bild mit ein. (Siehe Bild Seite 50/51.)

Tagebuchnotiz von Sibylle Neff. Impressionen von einer Beerdigung. (In Druckschrift siehe 21 im Dialekt-Glossar.)

Beerdigung. ... Eine Anzeige in der Zeitung, und hin zu einer Beerdigung mit drei Geistlichen in wunderschönem Ornat. Die Macht Gottes auf Erden! Orgelklänge, heiliges Amt und Hallelujas, welche ein Echo nur finden in der vorzüglichen Akustik des Gotteshauses.
Alles in Schwarz, duftend nach Kampfer, Parfüm und Weihrauch. Darnach die Parade zum Friedhof mit dem Hügel in der wunderbaren Blütenpracht geköpfter Blumen. Dann Kurvende Mägen in erholsamen, nach gutem Essen duftenden Sälen. Müde von dem langen Stehen in zu hohen Absätzen dann vor vollem Teller. Still wie ein Kindlein in der Wiege, welches zunehmend nach nassen Windeln riecht.
Gürtel lockern, proost! lachende, verschwitzte Gesichter. Frauen mit unbeweglichen Mienen wegen der Schminke im Gesicht, die aber immer stärker schmutzig in den feuchten Hals läuft. — Das Glacé-Dessert bremst das Zerfliessen.
Gegen 16 Uhr verewigt man sich wieder, verabschiedet sich in das gute Auto, kehrt heim in den erholsamen Komfort gediegner Häuslichkeit, kleidet sich zurück in alle bunten Farben und hat wieder einmal etwas durchgemacht!

«Alptraum Nr. 1», 1989.
Aquarell, 60 × 32 cm.
Siehe Text Seite 48.

«Glück im Stall». Öl auf Holz (37,5 × 21 cm).
Ein Bild aus den 60er Jahren, das auch im doppelsinnigen Titel Humor und Witz der Malerin ausdrückt.

«Billiger Jakob» (Jahrmarktszene), 1965. Öl auf Holz (33 × 24,5 cm).

«Ein Appenzeller in St.Gallen», 1965. Öl auf Holz (46 × 33,5 cm).

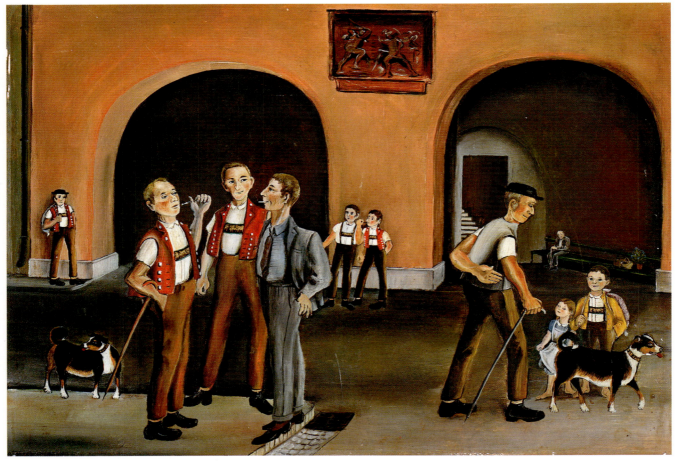

«Schwatz vor dem Rathaus», ca. 1960. Öl auf Holz (35 × 25 cm). Typische Gassenszene am «Miktig» (Mittwoch), wenn die Bauern ins Dorf gehen, um Viehkäufe und -verkäufe abzuschliessen — oder dabei zuzuhören, sich über Preise oder ganz allgemein zu informieren.

«Schlag ond Läuf» (Marktszene), 1965. Öl auf Papier (33 × 23,5 cm).

Sogar in der Gaststube einer Wirtschaft kann es der Malerin einfallen, zum Skizzenblock zu greifen und mit keckem Strich, fast karikaturistisch, zu skizzieren, so etwa auch den «Frohsinn-Wirt» (auf Seite 52 rechts, beide Zeichnungen in Originalgrösse.)

Vorbereitung zum «Funkensonntig», 1973. Öl auf Papier (37,5 × 23 cm).
Das Bild spielt an auf den Brauch der Appenzeller Dorfjugend, am Laetare-Sonntag den Winter mit einem Feuer zu vertreiben.

Die kleine und die heile Welt der Sibylle Neff

Den Zugang zu Sibylle Neffs Bildern kann man von verschiedenen Seiten her suchen. Das äussert sich in Deutungsversuchen, die recht unterschiedlich, die immer auf irgendeine Weise begründet sind, denen aber stets ebenso begründbare andere Erklärungen entgegengesetzt werden könnten. Die Bilder lassen sich als Gesamtwerk nur schwer in herkömmlicher Art klar einordnen. Und es lässt sich auch nur unzulänglich aufgrund eines Bildes auf das Gesamtwerk schliessen (was schon deshalb unzulässig wäre, weil bei Sibylle Neff eine Zeichnung einen völlig anderen Charakter hat als ein Ölbild).

Für beide Arten des Versuchs einer Annäherung und Deutung gibt es Beispiele:

Das Bild als Allegorie
Im Juni 1975 brachte «der schweizerische Beobachter» als Titelbild den nebenstehenden Ausschnitt aus einem Bild von Sibylle Neff. Dazu machte sich der Redaktor des Blattes folgende Gedanken, die in mancher Hinsicht für das ganze Werk der Malerin zutreffen:

«Den Titel für ihr Bild hat sich die Malerin selber ausgedacht. Und im Gespräch beharrt sie darauf, dass es sich hier wirklich um eine ganze, vielfältige und erfüllte kleine Welt handle: Menschen und Tiere, Landschaft und Gewächs, Haus und Ställe, Familie und Nachbarn, Erwachsene und Kinder, Arbeit und Spiel. Es ist eine überschaubare ‹kleine Welt›, in der Menschen aufwachsen, leben und alt werden können – jeder so, wie es seinen Kräften und seinem Wesen gemäss ist. Die junge Frau, die wohl ums Haus herum gewerkt hat, schwingt just ihr strampelndes Jüngstes glücklich in die Frühlingsluft empor; man hört es förmlich lachen und krähen. Hinter blankgeriebenen Scheiben verfolgt eines der Grosseltern, wie lustig es draussen zugeht. Die grösseren Kinder rennen dem Mann nach, der zum Tränken oder Melken geht; die Arbeit auf dem Bauernhof ist ihnen keine Plage, sondern ein Spiel, in das man selbstverständlich und interessiert hineinwächst. Demjenigen, der Futtergras schneidet, leistet der Bless getreulich Gesellschaft. Die Muttersau wird von rosigen Ferkelchen munter umwimmelt. Alles ist in Ordnung und säuberlich gerichtet: die Wäsche trocknet in sonniger Luft, die Zäune wurden rechtzeitig instandgesetzt, das Haus an der Wetterseite verschindelt, der Holzvorrat mustergültig unter der Fensterreihe geschichtet. Ein gelber Blumenschleier durchzieht die saftigen Wiesen; die Nachbarhäuser glitzern von weither putzig durchs frühlingsgrüne Land.

Es ist eine Idylle – ohne elektrische Leitungen und Fernsehantennen, ohne Autos und Abgase, ohne hässliche Reklameschilder und Verbotstafeln, ohne Plastik- und Blechabfall. Keine Risse, keine Scherben. Ein Traum also, den es in Wirklichkeit nicht mehr gibt. Auch im Appenzellerland nicht mehr, wo die Kinder heute auch mit Plastikbecherchen und sich entfärbenden Kunststoffspielsachen spielen, wo landwirtschaftliche Maschinen und Autos Strassen und Tankstellen brauchen und die Bäuerin froh ist, wenn ihr Waschmaschine und Kühltruhe die Arbeit erleichtern. Ein Rückblick also wäre das Bild in eine glückselige ‹kleine Welt› der Vergangenheit, dem man mit Wehmut und romantischem Vergnügen

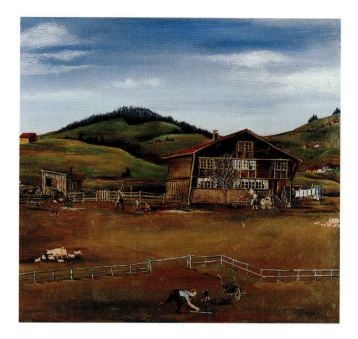

«Eine kleine Welt», Ausschnitt aus einem Bild im Format 26 × 42 cm. Öl auf Papier.

folgt, wohl wissend, dass die Wirklichkeit der Gegenwart der Wirklichkeit des Bildes nicht entspricht.

Wo liegt die Wahrheit im Bild? Im Tagtraum der Künstlerin und in ihrem festen Willen, für ihre Vorstellung der ‹kleinen Welt› eine klare, exakte Formulierung zu finden. Das Bild ist eine Allegorie – die Vorstellung eines goldenen Zeitalters, wo Ordnung und Geborgenheit herrschen, die uns dennoch nicht zum Ersticken bringen. Die Künstlerin hält sich auch an die erzählerische Bilderbuchsprache der vertrauten naiven Appenzeller Maler ihrer Heimat. Sie braucht auch dieselben Motive, die heute ihr so gut wie vor Generationen den Bauernmalern vor Augen standen: Holzhäuser, Tierfamilien, Weidland, Tannengruppen. Dabei geht sie mit trainierten Augen ans Werk: Sie kann sehr gut die Verkürzung der Zaunschräge zeichnen, ein solid gezimmertes Haus logisch und exakt darstellen, die Grössenverhältnisse von Vordergrund und Hintergrund herausbringen. Dennoch purzelt der Mann beim Zusammennehmen des Grases fast vornüber, haben Figuren und Landschaftselemente etwas Kindlich-Naives. Absichtliche Ungeschicklichkeit? Vorsätzliche Angleichung an die altväterische Sprache der Sennen- und Bauernmalerei? Vielleicht. Aber hinter dem bewussten oder unbewussten Entscheid für das ‹Naive› liegt offen und klar die Absicht, so zu erzählen und so zu malen, wie aus eigenen Erfahrungen und Vorstellungen heraus eine Welt gesehen, erlebt, erinnert und gewünscht werden kann.

Ein solcher Traum könnte unecht und weltfremd wirken. Aber dagegen stehen nun das Temperament der Malerin und ihre formale Sicherheit. Aus Gefühlen, Wunschträumen und Ergriffenheit allein, aus der geschickten Handhabung bewährter Stilformen macht man noch keine Bilder. Aber Sibylle Neff hat sehr klare, phantasievolle Formvorstellungen: eine Ziegeldachschräge drückte sie in der Verkürzung zu einem knappen, spitzigen Dreieck zusammen – der kleine, aber schwere Farbakzent genügt, um dem vielen Grün standzuhalten. Das Viereckmuster der Fenstersprossen hebt sich streng gegen die sanft gebrochene Bewegung des Zaunverlaufs ab. Da bietet ein kräftiges, geometrisches System dem erzählerischen Getümmel, dem weich geformten Hügelland Halt. Da wird glaubhaft, wenn die Künstlerin darauf besteht, sie male selber beobachtete Wirklichkeit. Die Fabel ihrer Bilderzählung beruht auf scharfer Beobachtung und auf der dezidierten Fähigkeit, eine Bildkomposition grosszügig und rhythmisch zu gliedern. Das macht die Frage überflüssig, ob man auch heute noch ‹wie eine Naive› malen dürfe. Es kommt eigentlich nur darauf an, ob die eigene formale Phantasie stark genug ist, um einem Wunschbild, wie es sich in der ‹kleinen Welt› ausdrückt, Lebendigkeit und Kraft zu vermitteln.»

Bilder mit Erinnerungswert
Zur Eröffnung einer Ausstellung in Zürich im Herbst 1979 versuchte der kunstverständige Gemeinderat Werner Aebli, die Werke Sibylle Neffs zu analysieren:

«... Als ich in einem Büro der Präsidialabteilung der Stadt Zürich Fotos von Bildern der Sibylle Neff anschaute, wurde mir rasch klar, dass ich hier einer ganz ungewöhnlichen Künstlerin begegnete. Zwischendurch glaubte ich mich gar an eine alte Bekannte erinnert, denn irgendwie war mir diese Sprache bekannt: Ich entsann mich eines Bildes, das im Regierungsgebäude in Glarus hängt. Mit Blick auf jenes Bild habe ich oft empfunden, was Menschen sind, sein können und sein wollen. Dann stand in meinem Geiste plötzlich mein Lieblingsmaler, Meyer-Amden, unversehens vor mir. Und als ich dann in Appenzell die Bilder von Sibylle Neff im Original sah, da musste ich an die Collagen von Max Ernst denken ...

Ohne Zweifel: keine Bauernmalerei und ebensowenig eine ‹naive› Malerin. Ich fand echte, hohe Kunst; ein Naturtalent wie seinerzeit Giotto.

Das sind merkwürdige Vergleiche, gewiss, aber sie sind nicht intellektuell gesucht, sondern menschlich empfunden. Ich versage es mir, der Frage nachzugehen, was denn eigentlich naive Kunst sei. Naive Malerei kann es geben, naive Kunst hingegen nicht. Wer Rousseau oder Adolf Dietrich zu den ‹Naiven› zählt, hat nach meiner Auffassung ein eher seltsames Kunstverständnis. Für mich ist naive Malerei keine Kunst, sondern eine mehr oder weniger gut entwickelte Fertigkeit der Darstellung von Formen und Farben – von Formen und Farben ohne persönliche Aussage, ohne einprägsamen menschlichen Inhalt: Dekoration. Wie beispielsweise Bauernmalerei, nämlich eine Malerei, welche höchstens Erinnerungen in uns weckt, niemals aber neue, unbekannte menschliche Werte zeigt und uns nicht zum Nachdenken, zum Erforschen oder Entdecken von unbekannten Werten und ungeahnten Zusammenhängen anregt. Sibylle Neff zeigt uns, dass die Wahl der künstlerischen Mittel keineswegs in direktem Zusammenhang mit der künstlerischen Aussage, dem Wert des Inhaltes steht. Nicht die Mittel, sondern Inhalt und Aussage sind entscheidend. Damit wird der Wertung – abstrakt, konkret, gegenständlich oder ungegenständlich – die polemische Spitze genommen ...

Künstlerischer Inhalt bezieht sich immer auf die menschlichen Lebensgrundlagen – auf messbare und besonders auf unmessbare –, bezieht sich auf das, was den Menschen in seiner Umwelt, in Zeit und Raum prägt, was ihn bewegt: Freude, Furcht, Glück und Hoffnung – doch mehr als nur beschreibend. Die Tiefe, die Gültigkeit der Aussage sind Massstab des künstlerischen Wertes, nicht äussere Form und Beherrschung der handwerklichen Technik.

Wir sind uns immer mehr gewohnt, zu konsumieren; alles, jedes wird konsumiert. Wir fragen nach dem messbaren Konsumwert und pflegen auch entsprechend zu werten. Darob verarmen wir menschlich; und wenn wir dies spüren, glauben wir uns krank und merken nicht, dass uns nicht der Psychiater fehlt, sondern nur die Fähigkeit, nicht messbare Werte zu erkennen.

In ihrer Malerei ergründet Sibylle Neff die geistigen Werte im Volkstum, besonders von Appenzell, weil sie dort lebt, dort denkt und dort fühlt. Diese örtliche Gebundenheit ist ein Zufall – vielleicht ein glücklicher Zufall. Mit ihrem Bild aus Paris beweist sie uns aber, dass ihre Malerei nicht an Appenzell und die Appenzeller, sondern an den Menschen schlechthin gebunden ist. Insofern stehen ihre Werke weit über blossen Erinne-

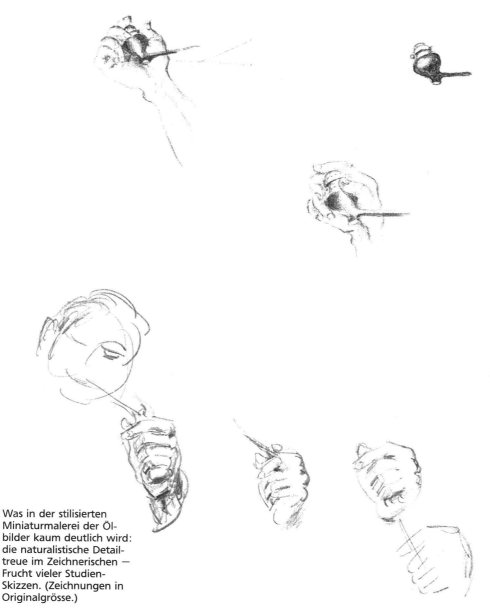

Was in der stilisierten Miniaturmalerei der Ölbilder kaum deutlich wird: die naturalistische Detailtreue im Zeichnerischen – Frucht vieler Studien-Skizzen. (Zeichnungen in Originalgrösse.)

rungsbildern. Gewiss hat auch die übliche Bauernmalerei mit ihrem Erinnerungswert ihre Bedeutung, aber sie ist nicht kreativ, sondern nur erhaltend.

Ausgangspunkt der Bilder von Sibylle Neff ist nie ein ‹Motiv›. Wer die Malerin kennt, weiss, dass der Ursprung eines Bildes immer geistigen Inhalts ist. Darum gibt es für sie auch zu jedem Bild immer viel zu erzählen.

Der Wille zur Genauigkeit, zur Verbindlichkeit der Aussage, zwingt sie zur Darstellung von Details – mit der Lupe gemalt. Doch sie möchte noch präziser sein, und deshalb gerät sie ins Kommentieren, ergänzt mit Worten und Gebärden. Wer je Max Ernst über seinen Lop-Lop sprechen hörte und sah, der begreift, weshalb dieser Maler eingangs genannt wurde. Bei ihm war es der Intellekt, bei Sibylle Neff ist es das Gefühl, das Herz; doch das ist einerlei: beide schöpfen und offenbaren uns nicht-messbare menschliche Werte.

Die ‹Lesbarkeit› von Sibylle Neffs Zeichnungen und Bildern ist nicht etwa wegen ihrer naturalistischen Darstellung besser oder einfacher als die ‹Lesbarkeit› etwa eines surrealistischen Bildes von Max Ernst. Bilder zu ‹lesen› ist eine Kunst. Doch da die Bilder der Malerin einen sehr hohen Erinnerungswert haben, wird der Zugang zum Inhalt und zum künstlerischen Wert erleichtert. Und wer als Betrachter dieser Bilder über den Erinnerungswert hinaus vorstösst und Zwiesprache zu halten beginnt mit den geistigen Werten, dem hat Sibylle Neff menschlich mehr geholfen als Dutzende von Kunstgelehrten mit ihren gescheiten Reden und mehr gegeben als Hunderte von Psychiatern. Sie zeigt den Menschen, mit dessen menschlichen Werten man sich identifizieren kann, mit Werten, die uns als Folge des Verlustes von Gemeinschaft und als Folge egoistischer Konsummentalität abhanden zu kommen drohen…»

Um es ganz kurz zu sagen: Sibylle Neff malt ihre engste Heimat. Sie tut dies, weil sie dieser Heimat innig, wenn auch nicht ungetrübt verbunden ist und darüber viel zu berichten weiss. Da diese Heimat eng ist und klein, malt sie zwangsläufig eine kleine Welt, was noch betont wird dadurch, dass das Heimatgefühl der Malerin von kleinen, undramatischen Dingen genährt wird. Und es sind auch immer solche unscheinbare, alltägliche Dinge, über die wortreich zu berichten es sie drängt.

Die Malerin vermag diese real existierende menschliche und topografische kleine Umwelt genau und ungeschönt zu sehen und auch naturalistisch zu zeichnen. Sobald sie diese aber in ein Ölbild umsetzt, unterzieht sie sich ein Stück weit der strengen formalen Zucht der Senntums- und Bauernmalerei, ohne sich jedoch deren Tradition völlig zu unterwerfen, stilisiert damit die Realität und überhöht sie gewissermassen bis in die Nähe des Allegorischen, Symbolhaften.

Die Malerin begrenzt somit nicht zum vornherein ihre eigenen gestalterischen Entfaltungsmöglichkeiten auf jene der Bauernmaler, sondern geht einen eigenwilligen, unverwechselbaren eigenen Weg, malt ein viel reichhaltigeres Spektrum ihrer Appenzeller Heimat, als dies die alten Bauernmaler taten und die heutigen «Bauernmaler» tun, ist selber also alles andere als eine Bauernmalerin, sondern eine bezüglich der Motive auf die appenzellische Welt fixierte Malerin, die bewusst eine Malweise pflegt, welche eine Art bäurischen Charakter hat und damit den Motiven in hohem Mass angepasst ist und diesen den Ruch des Echten und hohe Glaubwürdigkeit vermittelt. Insofern wird verständlich, was Dr. Bernoulli am Anfang der sechziger Jahre von Sibylle Neff sagte: «Man könnte fast behaupten, ihre Werke seien nicht schweizerisch, weil sie so ausschliesslich appenzellisch sind.»

Die «Naive» und die «heile Welt»
Anfang 1989 erklärte der Kunsthistoriker Alois Müller vor Kunstkritikern, das 19. Jahrhundert sei noch mit sieben Begriffen für Stilrichtungen der Kunst ausgekommen; für unser Jahrhundert habe er seit 1962 über vierzig Begriffe gezählt.

Darüber, welcher Begriff auf die Malerei von Sibylle Neff zutrifft, gehen die Meinungen auseinander. Rudolf Hanhart vom Kunstmuseum St.Gallen hatte schon 1966 entschieden, eine Bauernmalerin sei Sibylle Neff nicht, denn das, was sie über ihre Bilder zu sagen habe, wäre keinem alten Bauernmaler eingefallen. Die Bilder zeigten, «wie richtig sich Sibylle Neff ihrer Stellung bewusst ist. Sie schildert ihre Umgebung nicht anders, als zum Beispiel Metelli sein Ferni zeigte oder die Grandma Moses ihre Welt ...»

Es ist begreiflich, dass die Malerin häufig zu den «Naiven» gezählt wird. Dazu verleitet schon die Malweise, die sich an der «primitiven» Bauernmalerei orientiert. Dazu kommt aber noch die Motivwahl: Sibylle Neffs Bilder zeigen eine heile Welt, nämlich eine Welt, die nur jemand, der sehr naiv sein muss, derart heil zeigen kann. Doch, wie schon früher angetönt, ist es nicht zulässig, Sibylle Neff in diesem Sinne als naiv abzustempeln. Sie ist ja in ihrer Welt, in Appenzell, die grosse «Unbequeme» gerade deswegen, weil sie alles andere als naiv ist. Sie weiss nur zu gut und aus leidvoller eigener Erfahrung, dass ihre kleine Welt auch ihre unheilen Seiten hat. Und sie ist durchaus in der Lage, solche Schattenseiten auch auf Bilder zu bannen: böse, ärgerlich, anklagend, ironisch ... Sie kann, wenn's denn sein muss, auf die gewohnte Idyllisierung der Landschaft verzichten und einen landschaftszerstörenden Schaufelbagger malen.[25] Oder sie kann, zeitkritisch und mit aufbegehrender Ironie, den Giebel einer Gott im Himmel anrufenden Kapelle neben die gleich hohen, in den Himmel stechenden Stangenspitzen eines Baugerüstes zeichnen und dazu kalauernd handschriftlich vermerken: «zum Himmel schreien» — «himmelschreiend» ...[26] Das ist weder naiv gedacht, noch naiv gemacht. Manchmal mag überhaupt schockierend scheinen, was Sibylle Neff sagt. Vollzieht man indessen den ganzen Gedankengang der dahintersteckt nach, dann versteht man, versteht aber auch, wie sehr die angeblich Naive eine geradezu bittere Realistin in Wahrheit ist. Etwa wenn sie bemerkt: «Wenn ich viele Kinder sehe: — bis diese nur alle wieder gestorben sind!»

In der weit überwiegenden Mehrzahl ihrer Bilder hält sie sich mit Kritik, mit satirischen Ausfällen zurück. Das hat einmal mit ihrem Gerechtigkeitssinn zu tun: Gemalte Kritik ist immer — wie die Karikatur — einseitig, denn sie kann ja nicht wohl gleich auch noch Gegenargumente miteinbeziehen. Gemalte Kritik kann nicht anders als verallgemeinern, pauschalisieren, ist also stets, irgendwem gegenüber, ungerecht; und es gilt dafür jenes Bibelwort, das Kurt Tucholsky auch als Folge der Satire zitierte: «Es leiden die Gerechten mit den Ungerechten».

Und doch mag es erstaunen, dass es gerade die so oft als Idyllenmalerin bezeichnete Sibylle Neff ist, die von unbeschwerter Schönmalerei nicht viel hält. «Ich glaube», sagte sie, «wenn einem Maler das Leben zu rund läuft, wenn er keine wirklichen Tiefen durchgestanden hat, dann läuft er Gefahr, dass ‹Lebkuchen› entstehen, etwas für den Magen ...!»

Sie kennt diese Tiefen, aber obwohl manche ihrer Bilder auf den ersten Blick «Lebkuchen-Bildchen» nicht unähnlich scheinen, empfindet sie diese nicht als solche, sondern als eine mögliche Seite des Lebens — jedoch keinesfalls als das ganze Leben. Gerät eines ihrer Werke der Art von «Lebkuchen-Bildchen» zu nahe, mag die Malerin es selber nicht mehr sehen und würde es auch nie aufhängen.

Gewiss, ihre frühesten Bilder waren getragen von romantischem Empfinden, aus dem heraus sie malte, was sie für schön hielt, was äusserlich schön schien. Reifer und erfahrener geworden, merkte sie, dass man nur in der Wahrheit das Schöne findet, dass das Schöne nachbilden und etwas schön nachbilden nicht dasselbe ist, und dass das Schöne in der Kunst immer wahr, das Wahre aber nicht immer schön sein muss.

«Ich bemerkte (1965) neben der idealen auch die reale Umwelt, sah ein, dass es auch diese braucht», stellt sie rückblickend fest. Und von dem Leben, das sie in ihren Bildern darstellt, sagt sie: «Ich glaube, es ist ein Leben, das die Wirklichkeit kennt und bejaht und dennoch etwas kindlich Fröhliches ausstrahlt, weil der Mensch sich geborgen weiss.» Älter und bescheidener geworden, meint sie: «Kunst ist nur, was Menschen nicht zustande bringen — Klee zum Beispiel, Wiesenschaumkraut oder wilde Primeln, von denen es einst noch gelbe *und* rote gab.»

Vielleicht ist es ganz einfach zuviel verlangt von einem Künstler: dass er minutiös und akkurat darzulegen weiss, warum er malt, weshalb er etwas malt und dies gerade so, wie er es tut. Sibylle Neff will mit ihren Bildern etwas bewirken, etwas zeigen und beweisen — *auch*, aber nicht nur. Darauf wird noch zurückzukommen sein. Dass sie in den meisten Bildern betont ganz einseitig die Idylle pflegt und dass sie sich dabei eines rustikalen, naiv-bäuerischen Malstils bedient, hängt stark mit der ausgesprochen appenzellischen Neigung zu Nostalgie und Vergangenheitsseligkeit zusammen, die im übrigen aber ja mehr und mehr auch ein Merkmal des heutigen Menschen überhaupt wurde:

---

25 Siehe Bild auf Seite 39.
26 Zeichnung auf Seite 71.

«Landschaft Schwende»
(mit Ebenalp), 1970.
Öl auf Papier (50 × 26 cm).

«Landschaft»
(Gehrenberg-Schlatt),
1972.
Öl auf Holz
(65 × 35,5 cm).

Sibylle Neff ist keine nur-romantische und deshalb für die Wirklichkeit blinde Idyllenmalerin, sondern eine durch und durch moderne und realitätsnahe Zeitgenossin, die *dennoch* Idyllen malt: aus Methode. Sie tut malend schon lange das, was heute als so modern und neuartig gilt: sie macht gewissermassen Umweltverträglichkeitsprüfungen. Was ihres Erachtens die Prüfung nicht besteht, wird im Bild weggelassen. Sie schafft mit ihren Bildern warnend sozusagen einen Kataster des Erhaltenswerten. Dabei kann sie mitunter feine Ironie nicht unterdrücken, was zu bemerken freilich gute Kenntnisse über Land und Leute voraussetzt. Der flüchtige Betrachter eines Bildes mag unterschiedliche Grüntöne in einer Graslandschaft als Kunstgriff der Malerin empfinden. Einen schadhaften oder schlecht geflickten Holzzaun im Bild mag man empfinden als kompositorische Raffinesse. Das können aber auch sarkastisch-kritische Hinweise sein, welche die angebliche «Idyllikerin» aus bester Kenntnis der Realität machen will: Ein besonderer Grünton einer Wiesenparzelle kann durchaus andeuten, wie stark ein Bauer in unbeirrt güllosophischer Ruhe den Boden übernitriert hat; und an der Sorgfalt, mit der Zäune repariert wurden, äussert sich die Solidität eines Landwirtes.

Die Malerin unterschlägt in ihren Bildern bewusst Technisierung, Mechanisierung und Auswüchse des Fremdenverkehrs, die auch im Appenzellischen Wachstumsbereiche sind. Ihr Fehlen in den Bildern soll jedoch nicht beschönigen, sondern irritieren, nachdenklich machen, Bremsungen einleiten.

Der «Senntumsmaler» reihte auf seinen Bildstreifen Kuh an Kuh. Auch Sibylle Neff malt Vieh, malerisch verteilt im Weideland. Aber sie weiss genau von den Regeln der herrschenden Milchkontingentierung, und sie kennt auch die Höhe der Subventionen, die ein Bergbauer jährlich für jede Kuh erhält. Dennoch malt sie ihre kleine Welt in fast naiver Manier und vordergründig als heile Welt. Da die Malerin viel denkt, glaubt sie, auch andere täten das und kämen selber darauf, was mit ihren Bildern gemeint ist.

Der echte naive Künstler ist verankert in der Seelenlandschaft von Einfalt und Einfachheit — Einfalt im Sinne von «arglos», «schlicht», «von Herzen kommend». Solche Arglosigkeit hat Sibylle Neff verloren. So wie sie sich als Bürgerin in mancher Beziehung widersetzlich zeigt, widersetzt sie sich als Malerin fortschreitenden unschönen Veränderungen in ihrer kleinen Umwelt. Und sie tut das mit Hilfe der aus der Bauernmalerei entlehnten formalen Idylle.

Idylle im Zeitalter der Kybernetik als Methode: Abbilden der *natürlichen* Schöpfung als Ausgleich zum technisch-wissenschaftlichen Prinzip — als Warnung auch vor einer allzu einseitigen Anwendung dieses Prinzips.

Im Schlaf- und Krankenzimmer der verstorbenen Mutter von Sibylle Neff.

Eine schwer zu beschreibende Art der Erinnerung daran, wie es einmal war. Es ist ein merkwürdiger atmosphärischer Zauber, in dem jene Sehnsucht steckt, welcher alle Vergangenheit kostbar erscheint — weil sie für immer verloren ist; jene Lust vielleicht auch, Erinnerungen zu verewigen, die man in Wahrheit nie erlebt hat — Erinnerungen an etwas, das es nie gab: an die gute alte Zeit, die so gut ja gar nie war.

Die Kehrseite der Idylle
Kein Zweifel — es ist die Idyllenmalerei, die vor allem Sibylle Neff bekannt und beliebt macht. Die wachsende Zahl verstädterter und (wirklich oder angeblich) zivilisationsmüder Zeitgenossen, die zunehmende Sorge um die Erhaltung der natürlichen Umwelt förderten einen allgemeinen Drang zurück zur Natur, steigerten auch die Sehnsucht nach einer Welt, wie sie einmal war, nämlich noch in Ordnung. Dieser Stimmungslage kommen Sibylle Neffs idyllisierende Bilder entgegen, derweil freilich das Landvolk, zumal in Berggebieten, vielfach noch uneingeschränkt dem vermeintlichen Fortschritt huldigt. Während der junge voralpine Bauer die Stube mit Spannteppich belegt, ist die Städterin längst zum nackten Holzboden zurückgekehrt und bevorzugt das «Echte», «Bewährte», «Einheimische», während eine junge Bäuerin nach Katalog Möbel im nordamerikanischen Kolonialstil auswählt und sich als Bettüberwurf eine Tigerfellimitation leistet. In Küchen äusserlich herausgeputzter alter Bauernhäuser werden Holzherde herausgerissen und erzielen dann in städtischen Antiquariaten Phantasiepreise und werden sogar weiterbenützt ... So kann es auch nicht verblüffen, dass junge New Yorker Modeschöpfer neuerdings ganz auf den Traum von der heilen Natur, der ländlichen Idylle setzen mit Kleidern und Accessoires im sogenannten «Biolook mit Tradition», während anderseits im Bauernland Traditionen einem nicht immer echten Fortschritt zum Opfer fallen.

Ein Modejournal schrieb jüngst: «... und so kann es nicht erstaunen, dass in einer Zeit, wo die Natur zunehmend verdrängt wird, wenn sie nicht sogar stirbt, die Sehnsucht nach dem Natürlichen Urständ feiert ...»

Sibylle Neff liegt demnach mit ihrer Malerei im Trend der Zeit und deckt eine Marktlücke. Aber sie schielte nie auf die Nachfrage. So wie heute hatte sie schon vor dreissig Jahren gemalt. Anderseits weiss sie aber auch, dass das, was sie auf ihre Weise malt, mit der Wirklichkeit nicht mehr übereinstimmt.

Einst sah und empfand sie die Idyllen, die sie malte, als Realität. Dann begann sie zu spüren, dass sich in wachsendem Mass eine Kluft zwischen der Wirklichkeit und ihrer gemalten Idylle öffnete. Um ein Stück ihrer realen Umwelt ins *idyllische* Bild umzusetzen, musste sie immer mehr Realitäten aussparen: Masten, Telefonstangen, Silos, neue unschöne Bauten, Fernsehantennen, Motorfahrzeuge, touristische Anlagen ...

Sie hätte diese real existierenden Zeugnisse der Zivilisierung und Technisierung zwar auch malen können. Sie hätte diese sogar ganz brutal, in karikaturistischer Übertreibung malen können, um damit zu warnen, Einhalt zu gebieten, zur Umkehr zu bewegen. An missionarischem Eifer für solches Tun hätte es Sibylle Neff nie gefehlt.

Doch ein solches Vorgehen wäre *für sie* zu schmerzlich gewesen. Solche Bilder hätten *ihr selber* nicht mehr gefallen. So malt sie denn weiterhin Idyllen — ebenfalls in der Absicht, den Betrachter der Bilder zur Einsicht zu bewegen, aber mit jener Beeinflussungsmethode, die sie für *sich selbst* als die wirksamste erkannt hat: indem sie eine «heile Welt» malt, soll damit dem Betrachter im Vergleich mit der Realität bewusst werden, wieviel wir eigentlich bereits verloren haben.

Dieser im Frühjahr 1989 entstandenen Zeichnung (36 × 29 cm) gab Sibylle Neff (noch) keinen Titel. Sie notierte lediglich handschriftlich an den Bildrand: «Gleichgewicht?»
Was schreit nicht alles zum Himmel!
Es schreit zum Himmel!
Die Visiere schreien zum Himmel!
«Himmelschreiend».
(Siehe dazu auch den Text auf den Seiten 64/65.)

Linke Seite: Eine typische Skizze, wie die Malerin sie rasch und flüchtig im Gelände macht.
Rechte Seite: Statt die Skizze daheim in ein entfernt der Bauernmalerei verwandtes Ölbild zu transponieren, führte sie hier den Entwurf mit Bleistift etwas weiter aus. (Originalgrösse
Bild links: 34 × 25 cm,
Bild rechts: 25 × 25 cm).

Die malende Chronistin

Schreibende Malerin
Von einer Journalistin wurde Sibylle Neff 1989 als «tiefgründige kleine Frau» beschrieben, der «tausend Gedanken gleichzeitig durch den Kopf schiessen».

Zwanzig Jahre zuvor hatte eine Autorin die Malerin schon «wirblig und scheu, gesprächig und verschlossen zugleich» genannt.

Und um 1960 hatten Zeitungsschreiber, beeindruckt von ihren «kindlich strahlenden Augen» sie als «äusserst lebhaft, schlagfertig, urchig» empfunden.

All dies war richtig beobachtet, und so ist sie noch immer; so blieb sie über Jahrzehnte hinweg. Wenn sie redet, ist sie schwer zu bremsen, denn alles, was sie bewegt, hat eine Geschichte, die es verdient, erzählt zu werden. Und so wie jedes ihrer Bilder voll ist von Geschichten, so empfindet sie ihr Leben als eine ununterbrochene Reihe schöner oder weniger schöner, immer in Erinnerung behaltener oder bildhaft vorgestellter Geschichten.

Sie hat einen enormen Drang, sich Gedanken zu machen, sich etwas vorzustellen, und darüber zu erzählen, zu berichten. Sie hat einen immensen Drang, zu kramen in Erinnerungen, die aber auch in bestürzender Vielfalt und Gleichzeitigkeit über sie hereinbrechen können — und oft auch so von ihr erzählt werden, völlig im Gegensatz zu der unendlichen Gemächlichkeit, in welcher daraus — Detail um Detail aneinandergereiht und wachsend — Bilder entstehen. Das ist auch der Grund dafür, dass sie so häufig *schreibt:* Weil ihr oft Leute fehlen, die ihr beim raschen Erzählen zuhören, und weil andersseits erzählendes Malen so langsam vor sich geht, denkt sie häufig schreibend, füllt Tagebuchblätter, und erzählt schriftlich — so flüchtig und dennoch präzis wie beim Zeichnen.

Aber auch wenn sie über sich und ihre Geschichten viel nachdenkt und darüber — sich selbst nie schonend — ungehemmt spricht — nie versuchte sie, ihre Bilder künstlerisch zu werten oder auch nur in «die Kunst» einzuordnen. Zwar kennt sie den Marktwert ihrer Werke, aber am liebsten sieht sie diese unverkauft versammelt in ihrem Besitz, weil sie jedes wie ein eigenes Kind empfindet: als einen Teil ihrer eigenen «Geschichte».

Hat sie in jüngerer Zeit ein Bild verkauft — «in einem schwachen Moment», wie sie entschuldigend sagt —, dann kann es wohl sein, dass sie es schon bald darauf wieder zurückzukaufen versucht.

Zum Handel mit ihren Bildern hatte die Malerin schon immer ein ambivalentes Verhältnis. Heute setzt sie den Kaufwert eines Werkes nicht nach irgendeinem Marktwert fest, sondern nach dem Gemütswert, den ein Bild für sie selber hat; und sie ist recht froh, wenn einem Interessenten dieser Preis zu hoch ist: dann hat sie wieder ein Bild «gerettet». Sie war dreissig Jahre alt gewesen, als ein erstes Bild von ihr verkauft worden war; und sie hatte sich geschämt, dafür Geld zu nehmen, auch wenn es sie mit verwundertem Stolz erfüllt hatte, dass da jemand Geld zu zahlen bereit war für etwas, das sie gemalt hatte. Irgendwie war es ihr nicht geheuer, etwas geschaffen zu haben, für das sogar bares Geld geboten wurde. Etwas später war es ihr — weshalb, wusste sie nicht zu sagen — zur Gewissheit geworden, dass sie unverheiratet bleiben würde. Erst da begann sie sich etwas bereitwilliger den Verkaufspraktiken ihrer Mutter zu fügen, die mit potentiellen Käufern aus dem In- und Ausland Beziehungen anknüpfte, sie empfing und mit ihnen (ausser Hörweite für Sibylle) um Preise feilschte. Doch schon die Mutter hatte die nach ihrem Empfinden «schönsten» Bilder resolut als absolut unverkäuflich erklärt, denn diese sollten einmal das Vermögen ihrer Tochter bilden. «Spare in der Zeit, dann hast du in der Not» war ihre Devise gewesen.

Die Einordnung ihrer Malerei in eine der verschiedenen gängigen Kunstrichtungen hat Sibylle Neff nie gekümmert. Als einst der illustre Dr. Raymond Broger, damals Landammann und Ständerat von Appenzell Innerrhoden, sie fragte, welches Vorbild sie denn habe (und dabei an irgendeine Grösse der Malerei dachte), da antwortete sie ihm: «Lebdegi kenn i kee...» (Lebende kenne ich keine), «... und von den Toten: Gotthelf und Pestalozzi — der erste, weil er «es» sagen durfte, und der zweite, weil er «es» gab!»

Bei anderer Gelegenheit gestand sie allerdings auch: «Ich habe mit meinen Bildern Liebe gesät und damit unendlich viel Neid und Missgunst geerntet», wobei sie freilich vor allem an Reaktionen in ihrer engeren Heimat dachte.

Meisterhafte Zeichnerin
So wenig sie intellektuelles und akademisches Geschwätz über ihre Malerei mag, so wenig scherte sie sich je um Mal*technik.* Das war schon so gewesen in ihrer kurzen Zeit an der Kunstgewerbeschule. Gewiss, sie hatte diese verlassen aus Rücksicht vor allem auf die pekuniäre Lage der Familie — aber nicht nur deshalb: «Ich merkte ja auch, dass mir der Unterricht die Unbefangenheit nahm», erklärt sie. Statt zu studieren, wie zu malen sei, malte sie lieber, wie sie es konnte, nämlich was sie sah (vor allem, was sie *gerne* sah), was sie erlebte und empfand. Der Weg vom Herzen zum Pinsel machte keinen Umweg über den Kopf und sollte es auch nicht. Das entsprang nicht irgendeiner Überheblichkeit, sondern der Überzeugung, sie solle bleiben, was sie sei. Für Kunstbücher hat sie kein Interesse, vor allem «weil ich mir beim Betrachten grosser Kunst sehr klein vorkomme. Drum betrachte ich mir eigentlich auch fast alle fremden Bilder lieber als meine eigenen.» Schon in den Jahren im ehemaligen Ritterhaus «zum Hof» war es ihr möglich geworden, sich mit schönen alten Dingen zu umgeben, mit Dingen, die sie mochte. Das war es, was ihr Stilgefühl prägte. Und es waren echte Dinge, Antiquitäten. Und im Zentrum dieser Wohnung, am Stubentisch, inmitten der Familie und einiger Katzen, malte sie. Ein Atelier hatte und wollte und brauchte sie nie. Auch heute noch, allein im eigenen Haus, malt sie am liebsten und fast ausschliesslich in der Küche, wo sich Hund und Katzen drängen, am einfachen Tisch, der beladen ist mit Geschirr und Haushaltgerät, mit einfachen Dingen, so wie es ja auch die «einfachen Dinge» sind, die zu malen sie bevorzugt.

Da sitzt sie und malt, vor den Augen eine stark vergrössernde Brille (manchmal sogar zwei Brillen übereinander); gelegentlich benötigt sie sogar zusätzlich eine Lupe. Sie trägt Farbe nicht pastös auf, sondern mit nadelfeiner Pinselspitze, einen Fingernagel als Palette verwendend. Denn die meisten Bilder sind belebt von figürlichen Winzigkeiten, die sich dem Betrachter in ihrer Vielfalt oft erst bei längerem Hinsehen erschliessen.

Merkwürdig ist angesichts solcher Miniaturmalerei, wie ganz anders Sibylle Neff arbeitet, wenn sie zeichnet. Da kann sie ungemein grosszügig, locker sein, mit flüchtigem, weichem, immer gezieltem Bleistiftstrich. Ihre Landschaften in den Ölgemälden mögen einem mit der Innerrhoder Gegend nicht vertrauten, flüchtigen Betrachter stereotyp erscheinen, weil sie ja immer auf die gleiche Weise Appenzell-typisch sind. Aber jede Landschaft ist «nach der Natur» gemalt und also immer wieder anders. Sibylle Neff malt zwar selten im Freien, meist skizziert sie dort nur, und lange Zeit bedeuteten

Die Malerin an der Arbeit in der Wohnstube im Haus «zum Hof».

ihr solche Zeichnungen nichts anderes als nur Mal-Vorlagen. Bis erkannt wurde, dass die flüchtigen Bleistiftskizzen, oft versehen mit handschriftlichen Anmerkungen über Farbwahl und figürliche Einzelheiten für die spätere Umsetzung in Ölgemälde, eigenständige Kunstwerke sind.

Diese Umsetzung von einer Zeichnung in ein Gemälde ist eine weitere Merkwürdigkeit. Man möchte glauben, Zeichnungsvorlage und Farbbild stammten von zwei völlig verschiedenen Personen und Temperamenten. Eine Zeichnung kann innert Minuten entstehen; am Ölbild, das sie davon macht, kann sie dagegen über Monate hinweg täglich stundenlang arbeiten.

Sibylle Neff verwendet die grosszügig hingeworfene naturgetreue Skizze als Gedankenstütze bei der Gestaltung des Ölgemäldes, malt aber nicht mehr grosszügig, sondern in starker Anlehnung an die traditionelle Technik der Bauernmaler, deren Malweise ja geprägt wurde durch den Umstand, dass sie zeichnen gar nicht konnten. Am verblüffendsten ist dieser Vorgang der «Zurücknaivisierung» bei der Gestaltung von Menschen im Ölbild: Die Bleistiftskizzen von Mensch und Tier können Meisterwerke naturalistischer Darstellung sein, die, von höchster Beobachtungsgabe der Malerin zeugend, in oft fast karikaturistischer Prägnanz typische Merkmale erfassen.[27]

Umgesetzt dann ins Ölbild, erfahren sie aber eine starke Stilisierung, die im Ergebnis stark angenähert ist an jene marionettenhafte Steifheit, welche typisch ist für die traditionelle Appenzeller Bauernmalerei.[28] Da ist aufs Mal etwas «kindlich Naives», das jener Rezensent (allerdings am falschen Objekt) erwähnte[29], dem an einem von Sibylle Neff gemalten Bauern auffiel:

27 Siehe z.B. die Seiten 43, 45, 46, 48, 52 ...
28 Siehe die menschlichen Figuren auf den Seiten 12 und 14.
29 Siehe im Text auf Seite 61.

«Dennoch purzelt der Mann beim Zusammennehmen des Grases fast vornüber»; dabei ist die Malerin durchaus in der Lage, einen solchen Mann in typischer, natürlicher, lebensnaher Haltung zu zeichnen. Und die Malerin wies denn auch den unwissenden Rezensenten aus der Stadt zurecht: Nicht Gras nehme der besagte Mann zusammen, sondern er steche «Spetzblacke» (ein Unkraut) aus, und dafür sei seine Körperhaltung typisch und anatomisch richtig.

Es ist eine Eigenart der Malerin, dass sie hervorragend zeichnet, dass sie aber beim Malen mit Ölfarbe der Ausdruckstechnik der traditionellen Bauernmalerei nahe bleiben will: um Ehrlichkeit, Glaubwürdigkeit und Bodenständigkeit des Bildinhaltes damit zu dokumentieren. Damit ist aber auch zum Teil erklärt, weshalb in ihren Bildern Appenzeller Motive vorherrschen: Dann stimmen die Motive optimal überein mit der von Sibylle Neff gepflegten Form, die jener Appenzeller Bauernmalerei nahe ist, aus welcher heraus Sibylle Neff zu malen begonnen hat und der sie sich nicht ganz entfremden mag.

Ob das Kunst sei, ist für Sibylle Neff unwichtig. Sie legt keinen Wert darauf, als «Künstlerin» bezeichnet zu werden. «Ich bin eine Appenzeller Malerin» stellt sie nüchtern und abschliessend fest. Über «Kunst» hat sie ihre eigenen festen Vorstellungen.

«Kunst ist die sichtbarste, Politik die unsichtbarste Zuhälterei», sagt sie, auf Kunst anspielend, die opportunistisch auf Modewellen reitet. Oder: «Wessen ‹Werke› verrückt genug sind, wer auf sich nimmt, als ver-rückt zu gelten, der wird heute noch bald als Künstler betrachtet.» Sie glaubt nicht daran, dass Kunst sei, was für Kunst gehalten wird, sondern sie ist überzeugt: «Kunst ist, das Leben zu meistern.» Über die Kunst in ihrer engeren Heimat urteilt sie ohne Illusionen. Drei Dinge bewirken nach ihrer Meinung im Appenzellerland Kunst, wobei gerechterweise anzufügen wäre, dass dies auch anderswo so ist: «Das sind Leidenschaft — Liebe — Vermarktung, glaube *ich*. Und ich sage bewusst: ‹... glaube ich.› Man müsste den Kulturchef von Appenzell fragen; aber hat man denn einen? Dabei meine ich ja nicht Galeristen, die mit rauhen Mengen fabrikmässig produzierter ‹Kunst› die Wände ihrer Krämerladen füllen, sondern die Leidenschaft, die Kunst leidenschaffend auszuüben trotz der Vergeudung von Zeit, um Recht und Würde des Menschen zu verteidigen. Und unter Vermarktung verstehe ich die kommerzielle Ausbeutung unserer einmaligen, alten, echten Appenzeller Malerei ...» Hier spielt sie an auf einen Vorwurf, den sie von ihr Gutgesinnten nicht selten hören muss: Sie möge doch um Gotteswillen ihre Kraft nicht verzetteln und ihre Zeit nicht vergeuden in ihrem Kampf als Bürgerin um Gerechtigkeit; das könnten andere auch oder besser; sondern sie solle das tun, was kein anderer auch tun könne, nämlich malen wie sie, malen! *Das* sei ihre Gabe; mit *diesem* Pfund müsse sie wuchern.

Doch dem begegnet sie mit entwaffnenden Ausflüchten, die auf die Feststellung hinauslaufen, malen könne sie nur guten Gewissens, und ein gutes Gewissen habe sie erst, wenn sie getan habe, was sie für ihre unangenehme Pflicht halte.

Die extrem Heimatverbundene
Sibylle Neffs Bilder sind keine vom Intellekt gesteuerten Konstruktionen, sondern vom Gemüt eingegebene Kompositionen.

Im Jahr 1965 bekannte sie einmal: «Ich suche gern fröhliche, unbeschwerte Menschen auf. Vieh, Blumen, Wasser, Wind und Wolken, der Tag, die Nacht — sie alle liebe und male ich, und kein Detail ist mir zu gering ... Es ist ein Leben, das mich unmittelbar umgibt.» Und sie hängt nicht nur an dieser Umgebung (selbst wenn ihr der Ärger wegen Streit mit einheimischen Behörden wieder einmal zuviel wird), sondern sie könnte anderswo auch gar nicht malen. Das könnte sich ändern — aber wenn sie ans Auswandern denkt, dann denkt sie höchstens an Ausserrhoden. So wie sie, nach eigenem Bekunden, im Auftrag nur für Leute malt, die sie gut mag, so malt sie auch nur das, *was* sie mag: was sie kennt, was ihr vertraut ist. Sie weilte in Frankreich, Spanien, Italien, Österreich, in der Tschechoslowakei — doch ihr Skizzenheft blieb stets leer. «Ich suche das Gute und finde es» behauptet sie, aber ausserhalb ihrer appenzellischen Heimat fühlt sie sich nie so recht wohl, nie so recht angesprochen, findet sie offenbar das, was sie «das Gute» nennt, nicht.

Einmal, es war in Bratislava, kam ihr im Ausland der Wunsch, zu malen, aber da hatte sie die nötigen Utensilien nicht zur Hand: Als sie bäuerlich gekleidete Frauen in sonntäglichen Trachtenröcken und -hauben aus einer Kirche treten sah, «mit gesammelten Zügen, Ruhe und Würde ausstrahlend». Die Anwandlung zu zeichnen wurde wohl weniger inspiriert vom Motiv selbst als von der heimwehsüchtigen Erinnerung an ähnliche Bilder in Appenzell.

Sibylle Neff hatte sich damals in Bratislava aufgehalten anlässlich einer internationalen Ausstellung, an der sie mit einer Reihe von Bildern beteiligt war. In der «Prawda» von Bratislava gab ein Kunstkritiker seiner Verblüffung — und auch seiner Ratlosigkeit — Ausdruck: «Seit ich erstmals Sibylle Neffs Bilder sah, stelle ich mir dauernd die Frage, in welcher Sprache eigentlich ihr Pinsel zu den Menschen spricht, dass diese so spontan und ohne zu zögern gestehen, so etwas hätten sie noch nie gesehen. Ich hörte sie leidenschaftlich diskutieren: Jugoslawen, Franzosen, Österreicher ... — über jedes Detail eines Bildes von Sibylle — immer positiv. Ich

«Café Voltaire, Paris»,
1974.
Öl auf Papier
(49 × 27,5 cm).
Erläuternder Text dazu
auf folgender Seite.

weiss nicht, wie andere Künstler und die Kunst-Theoretiker über sie urteilen. Ich weiss nur, dass vor ihren Bildern die Menschen länger verweilen als vor andern ...»

Café Voltaire blieb das einzige Bild, das Sibylle Neff (1974) aufgrund von Eindrücken aus dem Ausland je malte.[30] «Ich weilte wegen einer Renoir-Ausstellung in Paris», erzählt sie. «Ein sehr nobler Herr, begeistert von meiner Malerei, wollte ‹ums Verrode› eine Ausstellung mit meinen Bildern machen, bat mich aber, ihm vorher ein Bild zu malen von Paris, und er legte mir nahe, auch seine Stadt, Paris, zu lieben. Aber das brauchte er mir nicht erst zu sagen. Denn ich weiss längst, dass ich etwas lieben muss, um es malen zu können. Aber Paris lieben — eine fremde, kalte Stadt? Nie!»

Es war die winterliche Kälte, welche sie schliesslich doch bewog, eine Skizze auf eine Serviette zu kritzeln: in einem Bistro, in das sie gelegentlich an die Wärme floh, unter fremde Menschen, aber immerhin unter Menschen, die eine Spur von Geborgenheit vermittelten — im Café Voltaire.

Die Menschen im Café, wie Sibylle Neff sie dann daheim malte, sind gut charakterisiert — aber auch diesen Pariser Gestalten haftet jener Anflug von Steifheit an, der an Bauernmalerei erinnert. Über jede dieser Figuren kann die Malerin so viel erzählen wie über jede Figur auf ihrem Bild vom Wartezimmer des Arztes in Appenzell.[31] Im Café Voltaire glaubte sie eine Ansammlung von «ausgeflippten, verpufften, verruchten und verkrachten Existenzen» zu sehen.

Die Geschichtenerzählerin
Sibylle Neff ist, wie schon angetönt, überaus erzählfreudig. Sie verfügt nicht nur über den scharfen Blick jener, die naturalistisch malen, sondern sie sieht oder ahnt, vermutet oder sinniert auch hinter die Kulissen.

Doch auch wenn sie sich *hinter* allem Sichtbaren zudem noch etwas anderes vorstellt, gibt sie sich nie zügelloser Phantasie hin. Die «Geschichten», die für sie in allem und jedem stecken, sind durchaus realistisch, gründen auf Erfahrenem oder Erfahrbarem. Sie hat es wie Peter Bichsel, für den das Leben überhaupt aus Geschichten besteht. Und so malt sie denn, gestützt auf zeichnerische Notizen, Bilder, die primär Geschichten erzählen wollen. Man muss sie gehört haben, wenn sie den Inhalt ihrer Bilder interpretiert! Da wird nicht etwa, wie Kritiker es im allgemeinen tun, alles Mögliche und Unmögliche in ein Werk hineingedeutet, was sogar den Maler verblüfft. Nein — Sibylle Neff entdeckt ein Motiv für ein Bild nur, weil (und wenn) sie eingenommen ist von der Geschichte, die sie dahinter spürt. Insofern unterscheidet sie sich von den Malern, die traditionelle Symbole in Serie malen.

Dem Betrachter mag ein einziger Blick auf ein Bild genügen, um gefesselt zu sein vom Gesamteindruck. Aber die Geschichten darin erschliessen sich ihm erst bei längerem und genauerem Betrachten. Dabei hat er nicht Symbole zu deuten, sondern die Vielzahl konkreter winziger Einzelheiten zu interpretieren.

Man betrachte beispielsweise jenes Bild[32] mit den vom ersten Schnee überzuckerten Höhen des Kronbergs im Hintergrund. Im Vordergrund steht ein Bauernhaus, vor dem Wäsche an der Leine flattert. Da wird eine Stimmung vermittelt: eine Landschaft, die den nahenden Winter spürt. Da mag man denn stutzen angesichts des Titels: *«En alte Ledege»* (Ein alter Unverheirateter). Erst bei näherer Betrachtung erkennt man, dass ein älterer Mann Wäsche an die Leine hängt. Blickt man noch genauer hin, wird deutlich, dass die

---

30 Siehe Bild auf Seite 79.
31 Siehe Bild auf Seite 89.
32 Siehe Bild auf Seite 81.

«En alte Ledege» (Landschaft mit verschneitem Kronberg)
Öl auf Papier
(58 × 23,5 cm).

Wäsche vielfach geflickt ist. «Etwas grob geflickt», wird die Malerin erläutern, wenn man das Glück hat, sie das Bild «erzählen» zu hören, «so geflickt, wie es eben ein alter Unverheirateter zu machen vermag». Denn um einen solchen handelt es sich. Der erste Schnee in den Höhen hatte den Mann veranlasst, vor dem vollends einbrechenden Winter nochmals grosse Wäsche zu machen und sie zum letzten Mal im Jahr noch einmal zum Trocknen ins Freie zu hängen ... Eine Geschichte, welche die Malerin lange weiterspinnen kann. Das kann auch der Betrachter, wenn er einmal den Anfang weiss.

Kein Detail zu klein, eine Geschichte zu sein! An der besagten Wäscheleine wird ein Menschenschicksal deutlich!

Das oft vielfältig Figürliche auf Bildern ist nicht mit dem Intellekt ausgeklügeltes kompositorisches Beiwerk, um grüne Wiesenflächen zu beleben, nicht blosse Dekoration, sondern es hat Sinn und Bedeutung und ist aus dem wirklichen Leben gegriffen. Selbst scharf begrenzte Farbtonunterschiede in den Grünflächen, etwa ein helleres Grün im satten Dunkelgrün der Wiesen entspringen nicht kompositorischer Absicht und sind schon gar nicht blosser Zufall. Sondern das kann bedeuten: dort wurde Gras gemäht. Und die Mähflächen sind mit Sicherheit dort, wo auch jeder Bauer unter den ihm gegebenen viehwirtschaftlichen Umständen und der gerade herrschenden Jahreszeit mähen würde und nicht etwa das Vieh weiden liesse. Als Chronistin nimmt es Sibylle Neff peinlich genau.

Ein Mensch in einem Bild ist nie ein gemalter Statist; immer tut er etwas, und zwar etwas Bestimmtes. Mag er auch winzig gemalt sein: Er lacht oder schaut grimmig oder blickt zufrieden oder gesammelt ... Man erkennt ein Ferienkind am Röcklein, das schöner ist als das einheimischer Kinder ... Eine junge Frau hebt ihr Kleinkind vor dem Haus in die Höhe — damit die (unsichtbare) Grossmutter hinter dem Fenster einen erfreuten Blick darauf werfen kann.

Jener slowakische Kunstkritiker hätte sich nicht zu wundern brauchen, weshalb man vor Sibylle Neffs Bildern länger verweilt als vor anderen: Man braucht Zeit, die Geschichten darin zu lesen — oder sich daraus eigene Geschichten abzuleiten. Der Rezensent des «Beobachters»[33] machte sich seine Geschichte zum Bild «Eine kleine Welt». Ein anderer machte sich seine eigene Geschichte noch zu der andern hin, die Sibylle Neff in einer kleinen Zeichnung[34] andeutete: Die Miniatur-Erzählung vom Bauern, der etwas in Sorge ist, die Muttersau könne mit ihrem Gewicht ungewollt ein Ferkel erdrücken, und der deshalb das Aufpassen damit verbindet, dass er die Zeitung liest, die der Postbote gerade auf den abgelegenen Hof gebracht hatte und in die einen Blick zu tun schon wegen der allfälligen Todesanzeigen geboten war.

Das Bild «Winterlandschaft Dorf Appenzell»[35] ist ein anderes Beispiel. Es steckt voller Jugenderinnerungen der Malerin. Die weite Fläche vor dem Dorf ist heute dicht überbaut. Vorne rechts, halb hinter der Hügelkante verborgen, steht das Bauernhaus im Schmittenbach, wo die Neffs zur Miete waren. Der alte Besitzer blieb im Hause wohnen. Sibylle amüsierte sich köstlich darüber, dass er sich höchst ungern am Brunnen vor dem Hause wusch. Machte man ihn auf die Seltenheit dieses Vorganges aufmerksam, murrte er wegwerfend «a wenns gad säb isch!» Aber er hatte ein grossväterliches Wesen und riesige Füsse. War einer der ebenso grossen Schuhe defekt, hatte er einen willkommenen Grund, nicht zur Kirche zu gehen. In der Nähe gab es billige Wohnungen, deren Mieter häufig wechselten. Dauernd führten deshalb Leute ihre Fahrhabe am Schmittenbach-Hof vorbei, und es gab deshalb immer etwas zu sehen. Vor dem grossen Stallgebäude prüft ein Viehhändler eine Kuh für den Export. «Ja, was könnte ich für Geschichten erzählen!» erklärt er den andächtig zuhörenden Bauern von seinen Erfahrungen — «i taa gää nüd alls säge!»[36] Und die junge Sibylle fand es phantastisch.

Im Bild «Seine Scholle»[37] steht ein Greis vor seinem alten Heimwesen. Es wurde 1983 gemalt. Sibylle Neff nahm sich des Alleinstehenden an und nahm den Hinfälligen auch einige Zeit in ihr Haus. 1987 machte sie von ihm, der sich einen wallenden Bart hatte wachsen lassen, eine Zeichnung[38] Die «Geschichte», die in diesen Bildern steckte, deutete sie an in einem Brief, den sie Ende 1987 an eine ihrer Bekannten schrieb: «... Und nun kommt meine kleine Weihnachtsgeschichte. Das Christkind ist fast leibhaftig bei mir: In Gestalt eines 85jährigen Mannes, der, halb verhungert und erfroren, bei mir genest; ein einsamer Mann, um welchen sich niemand kümmert, seit seine Mutter vor zehn Jahren starb.» Rührend sei seine Beflissenheit, ihr nicht zur Last zu fallen. Täglich frage er «bin i gföllig, das i bi eu cha see?»[39] Er lese sogar noch die Zeitung, von vorn bis hinten, ohne Brille; er verwundere sich dabei jedoch oft sehr; so habe er wegen einer Überschrift «Verge-

---

33 Siehe Text auf den Seiten 60/61.
34 Siehe Zeichnung auf Seite 104.
35 Bild auf Seite 33.
36 Siehe Dialekt-Glossar.
37 Bild auf Seite 83.
38 Bild auf Seite 84.
39 Siehe Dialekt-Glossar.

«Seine Scholle», 1983.
Öl auf Papier
(34 × 25,5 cm).

waltigung in der Ehe» nicht genug den Kopf schütteln können. «Er sieht, auch mit seinem Blick, wie Leonardo da Vinci aus.[40] Kinder sehen ihn mit grossen Augen staunend an und sagen: ‹De Samichlaus›? Wenn sie ihn anlächeln, dann lächelt er wie ein Kind zurück ...» Und ganz nebenbei berichtete Sibylle Neff noch: «... und dann habe ich vorübergehend auch noch ein Mädchen, im sechsten Monat schwanger, aufgenommen. Sie heiratet im Januar — so wird wieder einer weniger an meinem Tisch sein...»

Einige «Bildgeschichten»
Das Oeuvre der Sibylle Neff bildet eine Sammlung von Erzählungen, aus denen spürbar wird, wie sehr die Malerin Land und Leute kennt und liebt.

«Das Glück des Einsamen»,
heisst ein Bild[41], und die Malerin erzählt, was ihr den Anstoss dazu gab:

«Irgendeine Begebenheit, ich weiss nicht mehr was, veranlasste mich, an den alten ledigen Brülisauer am Berg oben zu denken, an Brülisauer, der im Gegensatz zu seinen Artgenossen grossgewachsen war, ein fleissiger und rechtschaffener Mann, gütig, unendlich zufrieden mit sich und der Welt.

Vor Jahren, so erinnerte ich mich, hätten wir zwei oder drei jungen Mädchen allzu gerne ‹Schatzgeschichtli› von ihm erzählen gehört statt nur Geschichten über Hexen- und Geisterspuk oder hühnerhautmachende Fabeln und Sagen. Ich erinnerte mich an seine bescheidene Kammer in der Hütte am steilen Hang, die wir ihm freundnachbarlich etwa jede Woche einmal mit dem Besen von Laubsack-Spinnen befreiten und wo wir den harten Kuhkot, den er im Hause von den schweren, groben Schuhen verloren hatte, kehrten, ihm die Kissen rotteten und die Barchent-Betttücher zurechtmachten. Und ich entsann mich des Hohlraums zwischen Bettlade und Fussboden, der dem Mann den Safe ersetzte und wo er Kostbarkeiten aufbewahrte wie Werkgeschirr, Butterwaage und dergleichen. Im Gebälk ein langer Nagel, an dem während sechs Tagen in der Woche das weisse gute Hemd seinen Platz hatte, das am Sonntagmittag, von der Körperwärme geglättet, sich wieder über seinen Rücken spannte. Hinter dem Bett der bemalte Kasten und die Senntumsschellen. Über dem Kopfende des Bettes das ‹Täfeli› mit dem Bild seiner verstorbenen Mutter, daneben das Kruzifix.

Der Wecker auf dem Nachttisch zeigt halb zwei. Ich weiss warum. Es muss im Herzen des Mannes einmal ein grosses, grosses Hoffen gewesen sein. Vielleicht hat er einmal von einem Mädchen sogar ein kleines Brief-

Der alte Mann, der wie Leonardo da Vinci aussah.

«Das Glück
des Einsamen», 1968.
Öl auf Holz
(38 × 25 cm).

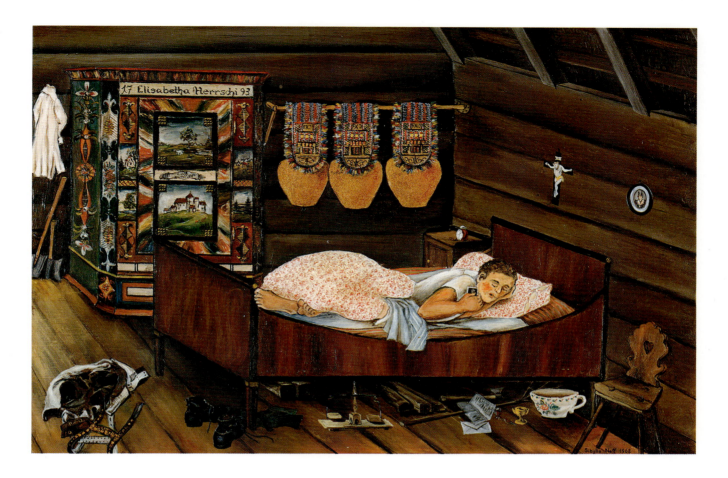

chen erhalten, in dem es ihm sagte, es liebe ihn. Vielleicht war sogar eine Foto darin, die er fest ans Herz drückte, und dass es ihm entglitt und zu Boden fiel wie seine Backpfeife, weil er selig einschlief ...

Dieser Gedanke hat mich sehr zufrieden gemacht, und ich malte das Bild.»

40 Zeichnung Seite links.
41 Bild oben.

«Eesam ond elee»
nannte die Malerin ein anderes Bild[42], und dem sprachlich Interessierten mag es auffallen wie sie — wie übrigens auch viele — zumal ältere — Appenzellerinnen den feinen Unterschied zu machen wissen zwischen «einsam» und «allein». Wer allein ist, braucht nicht deshalb auch einsam zu sein; und auch wer nicht allein ist, kann einsam sein. So erklärt es Sibylle Neff. Als einsam *und* allein empfand sie jenen Bauern, in dessen Stube sie trat, um nach dem Weg zu fragen.

Die Malerin erzählt: «Wenn ihr in eine besonders schöne Gegend kommt» hatte ich Vater und Bruder geheissen, die beruflich überallhin kommen, ‹dann sagt es mir!› Und da gab mir der Vater einmal einen Tip. Mit Zeichnungsutensilien ausgerüstet, zog ich aus. Nach längerem Marsch kam ich an eine Weggabelung, wählte aufs Geratewohl den einen, wurde unsicher und sah deshalb freudig wenigstens ein Bauerngütchen, wo ich mich vergewissern konnte, ob ich richtig ging.

Niemand war ums Haus; nicht einmal ein Hund bellte — vielleicht weil ich barfuss lief, vielleicht aber auch, weil der Hund zu alt und gehörlos war. Und jetzt, neugierig wie ich bin, freute ich mich, in ein mir unbekanntes Haus treten zu können, um etwas Neues zu sehen. Die Haustür stand offen, drei Tritte bis zur Küchentür, da durfte ich hinein, wie dies so üblich ist. So still wie es war, traute ich kaum meinen Ohren, als ich ein müdes ‹Herein› hörte.

Später, daheim, malte ich den Mann. Meine Mutter, immer besorgt, wollte mich korrigieren: ‹Bitte mal' nicht so einen Psychopathen, sondern einen fröhlichen, schönen jungen Mann mit roten Backen und Chruselhaar!› Aber ich liess mich nicht beirren. Ich malte diesen ‹Vetterbueb› (das ist der Älteste der Familie, der bei seinen Eltern blieb) ...»

«... und ich höre, wie er — bedächtig ein Stück Käse in den Mund schiebend und von der um Aufmerksamkeit buhlenden Katze bedrängt — mir sagt, wohin ich gehen müsse; sah in wenigen Augenblicken die drei oder vier Katzen (von denen sich meine Weisse und die Schwarze immer wieder erneuern); sah diese reizende Gegend vor den Fenstern, die zwei ungleichen Stühle, das schöne alte Häfeli, das sich in diese Stube verirrt hat (zu Recht!); sah das Kaffeebeckeli mit dem blauen Kaffee, dem die Bohnen abgezählt waren, die Bank mit dem ‹Volksfreund› — eine Beige von etwa zwei bis drei Wochen; sah die eine Zeitungsausgabe von heute auf dem Tisch, darauf ein langes Fensterkuvert, grünlich glänzend — die Steuern! ... Ich brauchte weder Papier noch Stift — ich habe mehr gesehen!»

«Viehgant auf dem Landsgemeindeplatz»
Zu diesem Bild[43] erzählt die Malerin u. a.:
«Bei einer öffentlichen Viehversteigerung findet sich die Bevölkerung, vor allem die bäuerliche, auf dem Platz zu einem Kreis zusammen. Das Tier, das jeweils zur Vorführung an der Reihe ist und über dessen Schicksal die zuletzt geschlagene Summe bestimmt, wird von einem Burschen im Kreis herumgeführt. Der langjährige ‹Gantner› — der ‹Truubephilipp› vom Restaurant zur Traube — in der Mitte, mit Stock, versucht hellhörig und mit erheiterndem Getue den Preis in die Höhe zu treiben. Begreiflich, hat er doch seine Prozente.

Links unten am Platz erkennt man meinen guten Vater, der als Spengler im Freien Dachtraufen zusammensetzt. Links von der Linde steht ein Wagen mit überzähligen Ferkeln, die ein Bauer an den Mann oder

42 Bild auf Seite 87 oben.
43 Bild auf Seite 87 unten.
44 Bild siehe Seite 89.

«Esam ond elee» (Einsam und allein), 1974, Öl auf Papier (44,5 × 28,5 cm).

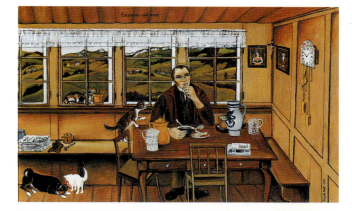

«Viehgant auf dem Landsgemeindeplatz», 1962. Öl auf Holz (36,5 × 28 cm).

Das Haus links am Bildrand ist seit Jahren Wohnsitz der Malerin («das geteilte Haus» — Seite 46).

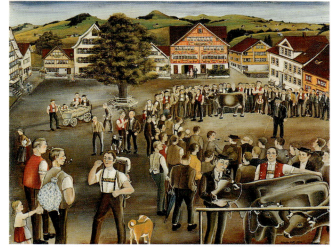

an die Sau bringen will. Darauf zugehend, den Ferkelgeruch witternd, die Nase weit vorn, der tüchtige Schweinehändler, welcher der Erste sein will.

Im Vordergrund Menschen, glückliche und andere, tüchtigere und — im Hintergrund — bescheidene. Das kleine Appenzeller Fräuli am linken Bildrand trägt seine handgestickten Leintücher in die Ferggerei. Der hagere Bauer links vorne hat bereits ein Fünfpfünderbrot für seine grosse Familie eingekauft und trägt es im Indienne-Säckli über dem Rücken. Vor dem Hotel hinten stehen neugierig Feriengäste, einen Kopf grösser als wir Appenzeller ...»

«Beim Doktor» oder auch «Der nervöse Arzt» heisst jenes Bild, auf dem Sibylle Neff nicht weniger als 16 Personen malte.[44] Entsprechend lang ist die Geschichte dazu:

«Wen wundert's, wenn ein Landarzt im hügeligen Appenzellerland von den Hausbesuchen zurückkommend in seinem Wartezimmer noch mehr Patienten als Stühle vorfindet, Leute, die alle noch via Extremitäten über Herz und Nieren geprüft sein wollen — wenn er nervös ist!

Ich hatte, wie all die übrigen Patienten, geduldig um die anderthalb Stunden lang auf unseren Doktor gewartet und dabei genügend Zeit gehabt, darüber zu rätseln, was jedem der Kranken wohl fehle. Später habe ich — aus der Erinnerung heraus — das Bild gemalt.

Fast mit der Tür ins Haus, mit heftigen Worten, flog plötzlich ER, der Arzt (Wild hiess er ja auch mit Namen) ins Wartezimmer. Zwei oder drei von den nervösesten Frauen flogen ebenfalls sogleich von ihren Stühlen in die Höhe, wobei ich auch zu ihnen gehörte, obwohl ich erst am Schluss an der Reihe gewesen wäre. Aber was tat's — ich landete in nächster Nähe zur Sprechzimmer-Tür. Er ‹beffelte› noch immer lautstark, und als ich mich wegen des Vordrängens entschuldigen wollte, weil ich ja noch gar nicht an der Reihe sei, da hiess er mich den Mund zu halten ... Den Mund hielt ich zwar, in meinem Herzen jedoch kochte es. Warte nur, dachte ich. Auf meinem Bild hatte ich ihn malen wollen als entfesselte, Leben erhaltende Kraft. Wie er es nun aber tat, mit den Fäusten fuchtelnd — das gedachte ich ihm in meinem Bild heimzuzahlen.

Links hinten die Kinder, denen es verleidet war, Bilderbücher anzuschauen. Dann die Frau, die ich für melancholisch hielt und die wohl Aufputschmittel brauchte. Das junge feminine Fräulein in vornehmer Haltung, mit wachsfarbenem Gesicht und rot angehauchten Backen — ein wenig feucht anmutend — hielt ich für tuberkulös. Sie liess sich nicht aus der Ruhe bringen, ebensowenig ihr Nachbar, ein alter Geschäftsherr, herzkrank wohl, zuviel im Auto sitzend, und der über die Brillengläser hinweg dem Geschehen zusah. Dann der Asthmakranke, der ob dem eben Erlebten grad auch noch einen Anfall bekommt und hinter dem sich ein Kind verängstigt versteckt. Dann eine alte Jumpfere vom Lande mit starken, hohen Schuhen und schöner Sonntagsschürze bestens hergerichtet, hergekommen, um sich Nieren, Magen und vor allem wohl die Galle untersuchen zu lassen. Sie hat ein strenges Leben hinter sich. Die Handstickerei, mit der sie sich mühselig das Essen für den ‹nie ausgeweiteten›, also kleinen Magen stickte, hatte sie aschfarben und gelbgrün gemacht.

Es folgt der junge Mann. Ich hätte ihm im Bild eigentlich beide Augen verbinden müssen, denn ich kannte ihn persönlich und wusste, dass er zu jener Zeit geradezu stockblind in seinem persönlichen Bereich waltete. Seine Trompetenhose — und gar noch aus Manchester — sowie seine langen Haare waren (1969) absolut ‹in›. Er hatte im Wartezimmer so weinerlich ausgesehen, jedenfalls so, dass ich mich an sein Gesicht nachher nicht mehr erinnern konnte. So liess ich ihn im Bilde eben weinen — im Gegensatz zum viel jüngeren Kollegischüler, der sich einen Beinbruch zugezogen hatte, lange nicht mehr an der frischen Luft und Sonne war, aber mutig auf das Prozedere wartete. Rechts ganz aussen eine hochschwangere Spanierin, unbequem auf dem Stuhl sitzend, die hübschen Beine während des langen Wartens ständig gekreuzt und immer mit dem gesunden Bein das eingewickelte, ‹verkrampfaderte› verdeckend — heroisch, doch für mich eher erheiternd.

Noch fehlen die zwei Patienten, von denen unser Landvolk Geschichte macht ...

Der Doktor platzte also ins Wartezimmer, rannte schnurstracks zu den Fenstern, riss sie sperrangelweit auf und sagte: ‹Saugestank!› Die Patienten musternd, entschied er: ‹Du und du und du sönd oberhopt nüd chrank; fahrid ab!›[45] Und müde sich weiter umsehend sagte er: ‹Ond ehr ond ehr wend om als verr... hondeti wede!›[46]

Deshalb malte ich die fast Hundertjährige, die immer genug Zeit hatte, nur für sich selbst zu sorgen, eine reiche, aber unschöne und deshalb auch ledige Jumpfere. Gekleidet nach Stamm und Herkommen, beringt und behandschuht und die weisse Bluse mit weisser Rose als Symbol ihrer körperlichen Unversehrtheit. Und dann war da noch das Bäuerlein links, das gehen wollte, weil der Doktor heute ja schon hinreichend nervös war. Dieser erwischte ihn gerade noch am Hemdsärmel und sagte: ‹Choscht etzt denn scho draa, wescht wohl no wate chöne.› Darauf das Bäuerlein: ‹I globe i gange, du Dokte bischt chrenke as ii!›[47]

Dieser Doktor Wild hat sich denn auch für das Volk am Alpstein aufgeopfert. Er ist mit nur 65 Jahren und einem Monat, zwischen Weihnacht und Neujahr 1976, an den Folgen eines Herzinfarktes in ein geruhsameres Leben eingegangen — Gott hab' ihn selig!»

45, 46, 47 Siehe Dialekt-Glossar.

«Beim Doktor» oder
«Der nervöse Arzt», 1969.
Öl auf Holz
(38 × 26 cm).

«Alp Soll» (mit Staubern), 1969. Öl auf Papier (43 × 30 cm).

«Landschaft im Sommer» (Unterrain gegen Hoher Kasten — Kamor — Fähnern), 1965. Öl auf Papier (54 × 18 cm).

«Schölleschötte», 1966. Öl auf Holz (39×26,6 cm). Zum Brauchtum gehörend: Kunstvoll-rhythmisches Schütteln grosser im Ton aufeinander abgestimmter Kuhglocken.

«Gant-Tag», 1979. Öl auf Holz (30,5 × 24 cm).

Links und rechts: Landschaftsskizzen, in freier Natur entstanden. Sie enthalten handschriftliche Vermerke der Malerin für die spätere Ausführung als Ölbild (Wiesenbeschaffenheit, Art von Bäumen, Angaben betr. Farbe usw., aber auch über die Stelle in der Skizze, wo später im Ölbild figürliche Darstellungen hinkommen: «Mist», «Ross und Wagen», «Kühe», «Brigittli»...)
Diese Skizzen können im Original von recht unterschiedlichem Format sein (37 × 20 cm bis 48 × 33 cm).

Bei den Zeichnungen auf den Seiten 97/98 sind die Skizzen bereits über das Stadium blosser Vorlagen für Ölbilder hinaus gediehen. Die letzte Zeichnung auf Seite 109 enthält zwar noch handschriftliche Angaben zur späteren Farbgebung, bereits aber auch figürliche Darstellungen (Vieh, Bauern), und das Bauernhaus ist bis zur fertigen Bleistiftzeichnung gediehen. Wie weit die Malerin eine Zeichnung im Gelände ausführt, hängt von äusseren Umständen ab (Wetter, Zeit, Müdigkeit). Manche Detailarbeit (z.B. Ausführung von Hausfront, Fenstern usw. — etwa in der Zeichnung auf Seite 98) macht Sibylle Neff später daheim.

«Landschaft bei Kau»,
1974. Öl auf Papier
(45,5 × 35,5 cm).

Stationen im Spiegel der Medien

Die Reaktion auf die Malerei und die Person von Sibylle Neff ist aus verschiedenen Gründen interessant, in mancher Hinsicht merkwürdig, oft sogar erheiternd, je nachdem, worauf man achtet.

Merkmale des Medienbetriebes
Ein Überblick über die Reaktion der Presse auf Sibylle Neff macht gewisse Merkmale des Medienbetriebes deutlich. Die Reaktionen setzen ganz plötzlich um 1960 herum ein, als die Malerin also schon mindestens zehn Jahre lang gemalt hatte, und mehrten sich sogleich stark, obwohl Sibylle Neff keineswegs entsprechend besser malte als vorher.

Der angesehene Basler Volkskundler Dr. Bernoulli hatte die Qualitäten der Appenzellerin zwar schon lange vorher entdeckt, und letztere wusste sich schon seit Jahren der Aufträge kaum zu wehren, als — eher zufällig — auch die Redaktorin eines illustrierten Blattes auf Sibylle stiess. Ihr Bericht wurde als Überraschung präsentiert. Und das wirkte wie ein Funke im Pulverfass der Presse. Ein Blatt tat es dem andern nach, des Publikumserfolges gewiss. Denn die in den Berichten reproduzierten Bilder stiessen in dem Mass auf eine erhöhte Aufnahmebereitschaft der Leser, als der bereits etwas zivilisationsmüde gewordene, unter wachsenden urbanen Zwängen lebende Städter sich nach Natürlichkeit zu sehnen begann. Und da war nun sichtbar in der Malerin zudem eine Kraft am Werk, die in einer Zeit, in der es fast verpönt geworden war, noch von «Heimat» zu reden, sich nicht scheute, (ihre) Heimat mit offensichtlicher Liebe zu zeigen. Das war neu und also für die Medien ein Hit; und so gaben sich erst einmal ihre Vertreter bei Sibylle Neff die Klinke in die Hand.

Medientypisch ist freilich auch, dass später, als der Ruch des überraschend Neuen verflog, als Sibylle als Künstlerin etabliert, allgemein anerkannt und bekannt wurde, die Medien an ihr etwas anderes zu entdecken begannen, das sich zur publizistischen Vermarktung anbot: Die Appenzellerin als «Kämpferin gegen Behördenwillkür» — im Pressejargon insofern «good news», als sich darein absatzfördernd das Salz von «bad news» streuen liess: Die pikante Erinnerung an das den Appenzellerinnen ja noch immer fehlende Frauenstimmrecht. Auch damit konnten die Medien in eine erspriessliche Marktnische stossen, denn es war inzwischen nicht nur nötig, sondern auch modisch geworden, auf die ungerechte Behandlung der «Frau in unserer Männergesellschaft» immer wieder hinzuweisen. Da kam Sibylle Neff ganz gelegen — als kämpferische Frau in appenzellischer Männerhochburg.

Aus den Zeitungsberichten wurde allerdings nicht immer deutlich, dass Sibylle Neff mitnichten eine «Feministin» ist. Sie erstrebt nicht Frauenrecht, sondern Recht schlechthin — gleiches Recht für alle.

Doch ist einzugestehen, dass diese Verschiebung der Medienpolitik — von der Künstlerin auf die Bürgerrechtlerin — auch nicht ganz unverständlich ist. Ja, sie drängte sich geradezu auf: Da sieht man einerseits die Malerin appenzellischer Idylle, die graphische Chronistin einer heilen Appenzeller Welt — anderseits eine Kämpferin gegen einen doch eben auch «unheilen» Teil eben dieser Welt. Wie kann diese Frau weiterhin malerisch in Idyllen schwelgen? Dieser Widerspruch ist durchaus medienwürdig und medienwirksam.

Doch dass sie es kann — und tut — beweist eben eines: Dass sie sich dieser grundsätzlichen Geteiltheit der realen Welt in Schönes und Düsteres bewusst (geworden) ist, und dass sie dennoch — oder gerade deswegen — eine heile Welt malt, als Trost, aber auch (und durchaus als Moralistin), um zu zeigen, was wir verloren haben, wenn wir es nicht wieder zu erringen vermögen. Das Ideale (verkörpert im alten Guten, Natürlichen) gemalt weniger als Trost denn als Ansporn, ihm wieder näherzukommen.

Idyllikerin und Bürgerrechtlerin schliessen sich nicht aus, sie ergänzen sich. Einst war sie nur Idyllikerin, doch Einsicht und Erfahrungen liessen sie sich bewusst werden, dass es auch eine wenig idyllische Realität gibt. Und ihre Frohnatur — trotz schlechter Erfahrungen —, ihr gesunder Menschenverstand und nicht zuletzt auch ihr Humor erlaubten ihr, beides zu vereinen in ihrer Person. Sie kritisiert viel in ihrer engeren Heimat, aber sie liebt sie unverdrossen. Sie malt den idealen Frieden ihrer Heimat und sinniert dennoch: «Hier wäre ich früher als Hexe verbrannt worden!»

Man ist sich an Künstlern gewohnt, dass sie ihre Kunst betreiben als Aufstand gegen den Zeitgeist. Sibylle Neff betreibt den «Aufstand» als Bürgerin und zivilcouragiert, sie zeigt anderseits und gleichzeitig mit ihrer Kunst, was ihr Ziel ist: eine bessere Welt. Idylle, mit moralischem Impetus eingesetzt als Kontrastmittel zu negativen Seiten der real existierenden Welt, um diese deutlich zu machen und Impulse zu wecken, einer «heileren Welt» wieder näherzukommen.

48 Anna Mary Robertson («Grandma Moses»), 1860 in Eagle Bridge/ New York geboren, heiratete 1887 den Farmer Robertson, begann mit 70 Jahren Bilder zu malen, wurde als «Naive Malerin» weltberühmt und starb 1961 in New York. Sie war Autodidaktin und malte ihre ländliche Umgebung.

Etikettensorgen
Überaus schwer taten sich seit nunmehr fast 30 Jahren die Kommentatoren in der Presse damit, die Malerei der Sibylle Neff in die passende Kunstgattung oder ins richtige Fach des Kunsthandwerks einzuordnen.

Von 1960 bis 1979 gab es «Experten» in den Medien, welche die Künstlerin als «*Bauernmalerin*» qualifizierten (von «Appenzells jüngster Bauernmalerin» bis zur «erfolgreichsten Appenzeller Bauernmalerin»). 1963/64 war zur Abwechslung vorübergehend von «*Senntumsmalerin*» die Rede, alternierend (1960—1964) mit «*Sennenmalerin*». Worauf 1965 der Konservator des St. Galler Kunstmuseums ebenso kompetent wie deutlich erklärte, Sibylle Neffs Bilder seien unter keinem Titel der alten Tradition der Appenzeller und Toggenburger Bauernmaler zuzuordnen. Vielleicht deshalb tauchte dann 1968 der Begriff «*Volksmalerin*» auf; und seit 1966 bis 1979 wurde sie v. a. in einschlägigen und massgeblichen Lexika unter den «*Naiven Malern*» geführt. 1970 erfolgte die Etikettierung als Schöpferin «*gemalter Heimaterzählungen*»; und 1975 wurde Sibylle Neff als Malerin von «*Allegorien*» behandelt. Und nicht unerwähnt bleiben soll, dass man in ihr 1964 auch eine «*volkstümliche Malerin*» erkannt hatte. 1979 jedoch wollte ein Schreiber die Bilder weder den Naiven noch der Appenzeller Malerei zuordnen; und so folgten bis 1987 «*Malerin der Heimat*», «*Malerin der Lilliput-Idylle*», «*Malende Chronistin*» und «*Malerin der heilen Welt*», bis es sich einpendelte in das schlichte «*Appenzeller Malerin*» ...

Beachtlich ist immerhin und ebenfalls, wie sich durch all die Jahrzehnte hindurch der Vergleich mit der amerikanischen «Grandma Moses»[48] hielt — ein Vergleich, der wohl gelegentlich auch von Leuten angeführt wurde, die von der Amerikanerin kaum mehr als ihren Namen kannten und solche Vergleiche nur nachplapperten.

Die Verwirrung um eine richtige Etikettierung mag — übers Ganze gesehen — verständlich sein, weil jede der Bezeichnungen zu einer gewissen Zeit richtig — oder doch annähernd richtig oder wenigstens annähernd nicht ganz falsch — gewesen sein mochte: Die Malerei der Sibylle Neff entwickelte sich aus einer (allerdings nur kurzen) Phase der «Senntums-»/«Bauernmalerei» rasch heraus. Und sie entzog sich dann den streng vorgefertigten Etiketten, die Sibylle aber unbekümmert weiter umgehängt wurden.

Erstaunen mag, dass die *einheimische Presse,* die ja mit echter Senntums- und Bauernmalerei wie niemand sonst vertraut sein müsste, gelegentlich selbst (und sogar noch 1966) von «Bauernmalerei» der Sibylle Neff redete, sonst aber wohlweislich von ihr neutral als von der «einheimischen Künstlerin» schrieb, indessen keinen Wert darauf legte, aus besserem Wissen heraus falsche Bezeichnungen zu korrigieren. Das muss um so mehr erstaunen, als Einheimische sonst überaus pedantisch darauf achten, dass im Bereich der Sitten und Gebräuche die ungeschriebenen, aber angeblich oder wirklich von der Tradition überlieferten Gesetze eingehalten werden. Es sollte z. B. keiner unverheirateten Appenzellerin einfallen, etwa in Zürich oder anderswo im fernen Ausland in Appenzeller Tracht aufzutreten mit dem Kopfputz, der nur einer Verheirateten zusteht. Das erregt daheim allergrössten Unmut, verständlich!

So wirkt es denn erheiternd, wenn im Lokalblatt von Appenzell ein «Experte» noch 1964 der Malerin, die ja nie Senntumsbilder gemalt hatte, grosszügig attestierte, sie habe auch Senntumsbilder «nach klassischem Vorbild» gestaltet, aber bekannte, sich nicht befreunden zu können mit jenen Bildern, die vom «Thema der Senntumsbilder» abweichen. Das Winterbild, so fuhr er fort, das ihn (einmal mehr) «an Grandma Moses erinnert», gehörte im übrigen mit andern zu jenen Sujets, welche in der traditionellen Senntums- und Bauernmalerei praktisch nicht vorkamen. Sibylle Neff dürfte die erste Appenzeller Malerin sein, welche neben der grünen auch die weisse Landschaft ihrer Heimat zu malen begann.

Es hält sich halt nichts so lange wie ein Vorurteil!

Und nur ganze zwei Male im Laufe von fast dreissig Jahren vermochten Kommentatoren zu erkennen, dass eine der Stärken Sibylle Neffs im Zeichnen, in der Skizze liegt. Ja, dass eben dieses Können sie von den «paintres naifs» unterscheidet und von den «Sonntagsmalern», auch von den «Senntums-» und «Bauernmalern», und letztlich auch von «Grandma Moses», mit der Sibylle freilich als «Volksmalerin», als «Malerin der engen Heimat» eng verwandt ist. Obwohl anzufügen wäre, dass sie ihre Sujets auch in Paris zu finden vermochte, als sie das versuchsweise einmal wollte.

Zu den (verständlichen) Kuriosa gehört im übrigen, dass dann, wenn die auswärtige Presse Sibylle Neff als Bürgerrechtlerin erwähnte, die appenzellische einheimische Presse auf einen Hinweis auf solche Publikationen verzichtete und nur solche Veröffentlichungen erwähnte, die ihrer «berühmten» Landsmännin als Bauern- und Sennenmalerin die Ehre antaten. Honny soit qui mal y pense?

Heile Welt, im Bild gemalt, braucht nicht weltfern gemeint zu sein. Das Bild kann sehr wohl empfunden werden als Kontrast zur heil-losen Realität; kann uns heilsam vor Augen führen, was wir verloren haben und was zurückzugewinnen sich wohl lohnen könnte.

Ein Betrachter sinnierte (1980, im «Oberländer Volksblatt», Interlaken) und ermunterte die Maler der «heilen Welt» — konkret auch Bezug nehmend auf eine bestimmte Skizze von Sibylle Neff (siehe Seite 104):

«Landschaft im Herbst», 1976. Öl auf Papier (50 × 41 cm).

«... Als letztes der Bilderreihe eine kleine Zeichnung eines Idylls in einem appenzellischen Schweinestall: Eine liegende Muttersau, davor der Bauer, barfüssig das Volksblatt lesend. Den einen nackten Fuss auf dem Kopf der Sau, diesen mit der Zehe kraulend, was dem Tier einen fast menschlichen Ausdruck von restloser Zufriedenheit und Mutterglück entlockt. Ein humorvolles, nahezu vollkommenes Bild einer ‹heilen Schweinewelt›!

Aber wer da nun meint, damit sei es (für den Betrachter) getan gewesen (...), irrt sich. Nein, dieses Bildchen rief auch jene Zustände in Erinnerung, wie sie in modernen Schweinezüchtereien vorkommen (...). Wer denkend ein solches Bild sieht, dem müsste das Gewissen geschärft werden gegenüber der Behandlung unserer Nutztiere, für den Tierschutz überhaupt ...»

Man kann die Augen vor unschönen Realitäten der Gegenwart schliessen und blind in die gemalte Idylle einer heilen Welt flüchten, gewiss. Man kann aber auch, umgekehrt, angesichts betulich gemalter «heiler Welt», die Augen geöffnet bekommen für unheile Realitäten nicht nur in der industriellen Massentierhaltung, sondern auch bezüglich der Verschandelung der Landschaft, der ökologischen Sünden überhaupt, bis zur Massentouristechnik in lieblich-appenzellischer Landschaft.

Idyllenmaler als verkappte Moralisten, welche zwar nicht die Realität zeigen, aber vor Augen führen, an welchen Vorstellungen man die Realität ja auch messen müsste.

Sibylle Neff notierte (1979) unter dieser Skizze (15 x 12 cm) ironisch realistisch: «Zu kaufen gesucht: Überzählige Ferkel.»

Ein grober Presse-Überblick

1960 Sibylle Neff male ihre Kompositionen im unverkennbaren Stil jener Senntumsmalerei, die etwas an die «peintres naifs» gemahne, schrieb «Meyers Frauen- und Modeblatt» am 25.6.1960.
1960 verzichtet die «Swissair Gazette» Nr. 10/1960 auf eine genauere Etikettierung der Malerin und titelt lakonisch: «My father is an Appenzeller ...».
1960 weiss die «Schweizer Familie» vom 5.11.1960: Sibylle ist «Appenzells jüngste Bauernmalerin».
1961 beschreibt das Blatt «Wir Brückenbauer» vom 28.7.61 einen «Besuch bei der Senntumsmalerin Sibylle Neff».
1961 Auch der «Tages-Anzeiger» von Zürich vom 27.7.61 feiert unter dem Titel «Geborgenheit im Heimatlichen» die «letzte Appenzeller Sennenmalerin».

Tages-Anzeiger wie Brückenbauer notieren «den Anklang, den ihre Werke im In- und Ausland finden», und «... sie kommt kaum nach, ihre vielen Aufträge auszuführen», denn sie malt fast nur auf Bestellung. Sie habe «auf drei Jahre hinaus alle Hände voll zu tun». Drei Wochen etwa male sie an einem Bild.

1961 «Eine Renaissance der Appenzeller Bauernmalerei?» fragt im Titel «Die Woche» in Nr. 32/1961 Anfang August, «Sibylle Neff führt die Tradition weiter ...» In dem bebilderten Bericht wird darauf hingewiesen, dass der bekannte «alte Bauernmaler Johann Baptist Zeller» das in seiner Nachbarschaft wohnende Mädchen Sibylle zum Malen ermuntert habe.
1961 Der «Appenzeller Volksfreund» vom 8.8.61 weist auf den «Woche»-Artikel hin und zitiert stolz daraus, Sibylle führe die Tradition der Appenzeller Bauernmalerei weiter.
1961 doppelt das «St. Galler Tagblatt» vom 22.10.61 nach, Sibylle Neff sei auf dem Weg, «... um nach und nach zu der in Innerrhoden heimischen alten Bauernmalerei zu finden (mit dem bekannten Bauernmaler J.B. Zeller als väterlichem Lehrmeister) ... weitab vom Wege aller modernen Kunstströmungen», ... mit einer «Naturalistik, die etwas an die Bilder der Grandma Moses erinnert ...».
1962 «‹Der Bauer von Kau› (Manser, einer der letzten appenzellischen Bauernmaler, der sowohl Bauer als auch Maler ist) und die ‹Jungfer vom Hof› setzen nach altem Vorbild die Bauernmalerei fort ...», heisst es in einem grossen Bildbericht der «Neuen Zürcher Zeitung» vom 18.10.1962.

1963 schreibt Dr. phil. Laufer in der «Annabelle» vom 12.6.63 und gleichlautend in einem Bericht im «Tages-Anzeiger» Zürich vom 27.7.63:

«... Wenn die Schweiz etwas mehr künstlerisches Selbstvertrauen hätte, so könnte sie aus Sibylle Neff mit Leichtigkeit ihre ‹Grandma Moses› machen. Zwar besteht der Unterschied des Alters: Die amerikanische Malerin ist mit achtzig bekannt geworden und die Appenzellerin mit dreissig. Mit Grandma Moses teilt Sibylle Neff aber die heitere Fabulierlust und darüber hinaus die Liebe zu ihrer nächsten Umwelt, ihrer Landschaft, ihren Menschen, ihrem angestammten Brauchtum ...» Untertitel: «Sibylle Neff — die letzte Appenzeller Sennenmalerin».

1963 Der «Appenzeller Volksfreund» (29.6.63) würdigt den «Annabelle»-Artikel, ohne sich an den dort verwendeten Begriffen wie «letzte Sennenmalerin» zu stossen.
1963 «Wiedergeburt der Bauernmalerei» schreibt die «Schweizer Illustrierte» vom 2.9.1963. «Sibylle Neff verzichtet darauf, Vorlagen zu kopieren. Sie gestaltet die Motive völlig neu und nach ihren eigenen Beobachtungen ...»
1963 Im Rahmen einer Veranstaltung «450 Jahre Appenzell» malt Sibylle Neff im Kochstudio von Zürich und stellt Bilder aus. In der Rezension des «Volksrechts» Zürich (26.9.63) wird sie als «die bekannte Appenzeller Sennenmalerin» vorgestellt. Sowohl in den «Schaffhauser Nachrichten» (28.9.63) als auch im «Tages-Anzeiger» von Zürich (2.10.63) wird sie so genannt.
1964 Im Frühsommer veranstalten Geschäftsinhaber der Hauptstrasse in Appenzell eine Schaufenster-Ausstellung von Werken einheimischer Maler. Sibylle Neff fordert, dass in einem bestimmten Ladengeschäft kein Bild von ihr ausgestellt werden dürfe. Das empfinden die Veranstalter als Affront und verzichten auf die Mitwirkung der Malerin. Das bewegt das «St. Galler Tagblatt» (17.6.64) zum Aufschrei: «Boykott gegen die berühmteste Appenzellerin» und zur Feststellung: «Die letzte Appenzeller Sennenmalerin von einer Ausstellung ferngehalten». «... Vergeblich hält der Betrachter Ausschau nach Werken der bekanntesten Appenzeller Sennenmalerin, die heute in Galerien mit grösstem Ansehen ihre Bilder ausstellen könnte, die im grossen Kenner der Appenzeller Sennenmalerei, Dr. Bernoulli in Basel, einen tatkräftigen Fürsprecher ihrer Kunst gefunden hat ...»

«Blick» doppelt (natürlich) nach mit einer fetten Schlagzeile: «Bilderstreit in Appenzell». «... Ausgeschlossene Sennenmalerin Neff, die berühmteste Appenzeller Malerin» werde boykottiert. (20.6.1964)

Doch diesmal war «Blick» nicht à jour; denn das Ladengeschäft Knechtle hatte Sibylle Neff gleich zwei ganze Schaufenster zur Verfügung gestellt. Über diese Bilder urteilte im «Appenzeller Volksfreund» vom 20.6.64 ein Rezensent: «Am besten ist diese volkstümliche Malerin in ihren teils nach klassischem Vorbild, teils in freier Komposition gestalteten Senntumsbildern ...». «Weniger kann ich mich mit jenen Bildern befreunden, die vom Thema der Senntumsmalerei abweichen...». «...Das Winterbild erinnert an Malereien der amerikanischen Grandma Moses...». «...In der traditionsverhafteten eigentlichen Bauernmalerei liegt zweifellos die Stärke der begabten Malerin ...»

1965 Konservator Hanhart vom Kunstmuseum St. Gallen unterstrich an der Vernissage zu einer Ausstellung von Ostschweizer Künstlern («St.Galler Tagblatt» vom 5.12.1965), die Bilder der Sibylle Neff seien unter keinem Titel der alten Tradition der Appenzeller und Toggenburger Bauernmaler zuzurechnen. Diese alte Tradition sei abgeschlossen und gehöre dem vergangenen Jahrhundert an, und es wäre ein Missverständnis, Sibylle Neff den Lämmler, Müller, Zülle und Heuscher zugesellen zu wollen, so oft auch die Kunden der Malerin diesem Irrtum unterliegen mögen.

Der Rezensent des «St.Galler Tagblattes» schliesst seinen Bericht mit der Feststellung, so wie Sibylle Neff habe auch eine Grandma Moses ihre Umwelt verstanden und gestaltet. Er ordnet die Malerin ein in die Tradition der «peinture populaire», der naiven Schilderung der engsten Umwelt, wobei Sibylle Neff lediglich das Instrumentarium der Appenzeller Bauernmalerei übernehme.

Der «Appenzeller Volksfreund» (11.12.65) erwähnt mit Stolz, dass Sibylle Neff an der Ausstellung mit nicht weniger als 21 Bildern, «etliche im Stil der alten Bauernmalerei» vertreten sei. «Die Ostschweiz» vom 4.12.65 ihrerseits schreibt von Bildern in der Tradition der «peinture populaire», und die «Appenzeller Zeitung» (4.12.65) gratuliert «unserer jungen Landskraft zu diesem Erfolge herzlich».

1966 Das Schweizer Fernsehen stellt zwei Innerrhoder Maler vor, Karl Liner und Sibylle Neff: «... zwei ganz gegensätzliche Künstler». («Appenzeller Volksfreund» vom 5.3.1966.)

1966 Der «Appenzeller Volksfreund» meldet, Sibylle Neff, «unsere einheimische Malerin», sei zu Gstaad zu Gast geladen gewesen bei der Witwe des amerikanischen Präsidenten John F. Kennedy (24.3.1966).

1966 Mit zahlreichen Künstlern aus 22 Ländern der Welt nimmt Sibylle Neff — vom Veranstalter zur Teilnahme berufen — mit 14 Bildern (aus den Jahren 1942–1966, vom tschechischen Kulturminister ausgewählt) an der «1. Triennale der Naiven Kunst» in Bratislava teil. Von den 10 nicht von tschechischen Künstlern stammenden Farbbildreproduktionen im umfangreichen Katalog war eines von Sibylle Neff (sowie je eines vom «klassischen Naiven» Rousseau und von Grandma Moses).

In der «Prawda» von Bratislava (vom 1. und 2.9.1966) wurde die Appenzellerin als ein strahlender Stern unter den an der Triennale (der «insiten» Kunst) teilnehmenden Künstlern begeistert gefeiert.

Dr. Kurt Schenker, Bern, der über diesen Erfolg auch in der «Appenzeller Zeitung», Herisau (12.11.66) berichtete, nannte sie «die fleissige und originelle Innerrhoder Bauernmalerin». Im «Appenzeller Volksfreund» vom 12.11.66 meldete Schenker, in Bratislava sei auch die internationale Fachwelt auf Sibylle Neff aufmerksam geworden und habe sich mit der Malweise der Appenzellerin auseinandergesetzt.

1967 erscheint Anatole Jakovskys «Lexikon der Laienmaler aus aller Welt» («Lexicon of the World's Primitive Painters»/«Lexique des peintres naïfs du monde entier»), enthaltend 300 Kurzbiographien lebender und verstorbener Künstler (u. a. des «Klassikers» Rousseau sowie der Grandma Moses). Über Sibylle Neff heisst es darin: «Als sie 20 war, hatte die Bauernmalerei dieser Gegend, wie Lämmler, J. Müller, F. A. Haim, J. Zülle oder J. J. Kästli sie vertraten, aufgehört zu existieren. Ihr letzter Vertreter, der am 20.7.1877 geborene Joh. Baptist Zeller, malte nicht mehr. Da fing sie an zu malen, aus eigener Initiative, einzig von Heimatliebe und Ehrfurcht vor der Tradition getrieben. Sie malte so gut sie konnte. Das Ergebnis war verblüffend. Nicht nur hat sie etwas, das als tot und abgetan galt, zu neuem Leben erweckt; sie hat ihm auch einen neuen Widerhall verschafft. Ihre Malerei entwickelte sich von einer rein handwerklichen Kunst zu einer individualisierten Kunst — kurzum: Sie wurde zu einem Zweig der Naiven Malerei ...»

(Was beweist, dass selbst sog. Standardwerke nicht davor gefeit sind, falsche Etiketten zu zementieren!).

1968 In der Besprechung einer Ausstellung «Appenzeller Bauernmaler» auf Rigi Kaltbad schreibt die «Appenzeller Zeitung», Herisau (22.10.1968): «Sibylle Neff ist nicht eigentlich Bauernmalerin, sondern Volksmalerin im Sinne einer Grandma Moses; sie bedient sich nur noch der Staffage der Senntumskultur.»

1968 Und «Wir Brückenbauer» vom 20.12.68 wissen zu berichten: «Die erfolgreiche Bauernmalerin Sibylle Neff verkauft Bilder am Laufmeter und kann den vielen Bestellungen gar nicht mehr Herr werden ...»

1969 An der 2. Triennale der Naiven Kunst in Bratislava ist Sibylle

Neff, neben einigen andern Schweizern (darunter der 1957 verstorbene Adolf Dietrich), mit 6 Werken vertreten, von denen gleich deren zwei im Katalog abgedruckt werden.

1970 In einem grossen Bericht im «Schweizer Heim» vom 3.9.70, überschrieben mit «Naive Malerei aus dem Appenzell», bekennt Hans Schläpfer: «Die Art, wie Sibylle Neff malt, klassifizieren die Sachverständigen als «Naive Malerei».» Er hebt ihren «Hang zur Idylle» hervor; und unverkennbar sei auch ihr Humor (etwas, das gerade in der traditionellen Bauernmalerei eher wenig zum Ausdruck kommt und auch in der Naiven Malerei selten ist).

1970 In ihrem Bericht über Sibylle Neff im «Sonntag» (8.11.70) verzichtet die begeisterte Verfasserin darauf, die Malerei einordnen zu wollen. Sie nennt die Bilder «gemalte Heimaterzählungen», «gemütvoll, einfach und naiv». Es sei spürbar, wie hier Sorge getragen werde zur Überlieferung der heimatlichen Bräuche und Gewohnheiten.

1971 erschien das bis heute Standardwerk gebliebene Buch von Bihalji-Merin «Die Naiven der Welt», in dem das Werk der 208 renommiertesten «naiven Maler» der Welt vorgestellt wird. Darin sind gerade nur vier Schweizer genannt: Aloyse, Barth, Lämmler und Sibylle Neff — eine gar strenge Auswahl, und sie besagt, dass nach den Kriterien von Bihalji gewisse Bauernmaler zu den peintres naifs zu zählen seien.

Über Sibylle Neff wird gesagt, sie führe «die Tradition der Appenzeller Senntumsmaler fort». (Das war — mit Verlaub und allem Respekt gesagt — schon zum Zeitpunkt der Herausgabe des Buches falsch. Dennoch blieb es bei diesem Text auch in der französischen Ausgabe.)

1973 Als Glanzstück einer «Ausstellung Naiver Maler» in Davos preist die «Davoser Zeitung» (6.9.73) die Ausstellungsobjekte von Sibylle Neff.

1974 finden sich Werke der Sibylle Neff in der Schaufenster-Ausstellung in Appenzell. In der «Appenzeller Zeitung», Herisau (26.10.74) wird mit leicht kritischem Unterton darauf verwiesen, dass sich besonders im «Schaffen der begabten Innerrhoderin Möglichkeiten und Gefahren der Bauernmalerei in besonders eindrücklicher Weise» spiegelten. Verwiesen wird diesbezüglich besonders auf die Winterbilder.

(Kein Wunder, kannte doch die traditionelle Bauernmalerei praktisch keine Winterlandschaften, und es war Sibylle Neff, die sich durch diese Schranke der Tradition nicht aufhalten liess, als sie ihre kurze traditionelle Schaffensphase beendete.)

1975 ziert ein Bild von Sibylle Neff die Titelseite des auflagenstarken «Beobachters» (15.6.75). Der Autor einer langen Bildbetrachtung (siehe Seite 60/61) nennt die Künstlerin schlicht eine «Malerin» und «Autodidaktin», bezeichnet ihre Bilder als «Allegorien» — eine Vorstellung, vermittelt in der «erzählerischen Bilderbuchsprache der vertrauten naiven Appenzeller Maler.»

1979 anlässlich einer Ausstellung in Zürich, rückte in verschiedenen Rezensionen (u.a. in der «Appenzeller Zeitung», Herisau, vom 26.10.79) Eric Munc, der Sibylle Neff als «Naive Malerin» bezeichnete, manche ihrer Werke «ganz nahe an manch Unwirkliches von Rousseau heran».

Der «Tages-Anzeiger» nennt sie «eine Bauernmalerin seit ihrer Kindheit»; ihre Werke werden herzlich charakterisiert als «eigentliche Erzählungen mit dem Pinsel».

Die «Neue Zürcher Zeitung» (6.11.79) freilich nahm es endlich einmal genau: «Es fällt schwer, von den Bildern von ‹Appenzeller Malerei› zu sprechen oder sie ohne zu zögern bei den ‹Naiven› einzureihen: *zu* gut nämlich kann sie zeichnen, *zu* offensichtlich ist auch ihre Entwicklung zu immer sicherer Bildorganisation und zu einer bruchlosen Bindung der bestimmte Erlebnisse aufs genaueste dokumentierende Einzelheiten ins Ganze. Was sie klar vom Gängigen abhebt, das ist das Fehlen von Routine und Klischeeformen; sie versteht präzis zu charakterisieren, verfügt über die Fähigkeit der Variation, verschreibt sich auch nie der Folklore ...»

Diese Ausstellung war mit einer Vernissage-Ansprache eröffnet worden, in welcher ebenfalls und erstmals wieder seit Hanharts Ansprache von 1965 Fundiertes über die Künstlerin geäussert wurde. (Siehe Seite 62/63)

1980 findet Sibylle Neff exemplarische Erwähnung in einer Betrachtung im «Oberländischen Volksblatt» Interlaken (25./26.1.1980), in welcher Künstlern Mut zugesprochen wird: sie sollten sich — «wie eine Sibylle Neff» — doch nicht darin beirren lassen, mit Hingabe und Demut auch «heile Welt» zu zeigen — das vermöge das Gute im Menschen zu stimulieren. Der Verfasser hält nichts von blinden Anbetern moderner Ismen in der Kunst und von Spott über Bilder einer heilen Welt. An einem Beispiel (siehe Seite 104) konkretisiert er seine Überlegungen.

1985 gesteht Sabine Basler in der Zeitschrift «Actio» (Sept. 1985) ebenso ehrlich wie unbekümmert (aber richtig): «Naive Malerin, Bauernmalerin kann man von Sibylle Neff nicht sagen — es ist wahr und nicht wahr. Für mich ist sie eine Chronistin, die liebevoll, witzig und scharf beobachtend Leben einfängt ...»

1986 bringt der «Rotkreuz-Kalender 1986» eine Würdigung von Sibylle Neffs Schaffen unter dem Titel «Appenzell und seine malende Chronistin», und diese wird eingeführt als «Naive

Malerin», «ein Naturtalent», und es wird von ihr gesagt, die Massenmedien hätten sie gern (sie hätten sie schon in jungen Jahren zur zweiten Grandma Moses hochstilisiert, aber sie habe mit Ruhm und Geld nichts im Sinn).

Der «Appenzeller Volksfreund» (4.1.86) weist stolz auf diese Publikation hin, welche «in grosszügiger Aufmachung sechs farbige Bilder der bekannten Appenzeller Künstlerin» zeige.

1986 Die Frauenzeitschrift «Annabelle» (15.4.86) bringt eine neue Reportage über «die Malerin» Sibylle Neff — aber nun nicht mehr wie 25 Jahre zuvor über «die letzte Appenzeller Sennenmalerin».

1987 Die schwedische «Göteborg Posten» (4.1.87) bringt unter dem Titel «Lilliputidyllen» einen grossen Artikel über St.Gallen. Darin schweift die gut informierte schwedische Verfasserin Kerstin Wallin auch ab in das benachbarte Innerrhoden und findet dort Sibylle Neff sowohl als Gegenpol zur dominierenden Männerwelt als auch als Malerin erwähnenswert.

1987 leitet der «Schweizerische Beobachter» (27.2.87) einen Bericht über Sibylle Neff ein mit «Malerin der Heimat und der Macht der Männer» und weist damit darauf hin, dass sie ihre Malkunst, welcher das Karikaturistische keineswegs fremd ist, auch in den Dienst ihres Widerstandes gegen Behördenwillkür und politisches Machotum zu stellen weiss.

1987 In einer Umfrage unter einheimischen Künstlern kommt («Appenzeller Zeitung», Herisau, vom 1.8.87) auch Sibylle Neff zu Wort. Sie beklagt die Verkommerzialisierung der «einmaligen, echten Appenzeller Malerei», die sie zwar selber nicht betreibt, die aber ihres Erachtens gegenwärtig nur noch gepflegt werde von Josef Manser, 1911, Brülisau.

1987 Erscheinen der Schrift «Appenzeller Künstler (Appenzeller Kunst heute. Eine Dokumentation.)» anlässlich einer Ausstellung in Herisau zum aktuellen Kunstschaffen in und aus den Kantonen Innerrhoden und Ausserrhoden, an welcher jedoch Bauernmalerei nicht vertreten ist. Sibylle Neff ist an der Ausstellung und in der Dokumentation mit Werken vertreten. In der Dokumentation wird darauf hingewiesen, Sibylle Neff male zur Hauptsache Ölbilder; hingegen liege ihre Stärke in der Skizze, in der Zeichnung.

1988 Der «Appenzeller Malerin» Sibylle Neff gewidmet ist ein Bericht über die Künstlerin im «Gross-Anzeiger» (St.Gallen, Nr. 1 vom 5.1.88). Darin heisst es, sie, die in Kunstkreisen mit der Amerikanerin Grandma Moses verglichen werde, male zwar seit 40 Jahren vornehmlich Ölbilder, welche die Umwelt der Appenzellerin widerspiegelten, doch «ihre Stärke liegt in den Bereichen Skizzieren und Zeichnen».

1988 «Des Landes Stiefkind: Sibylle Neff, Kunstmalerin» ist der Titel eines Artikels im «Appenzeller Tagblatt» (St.Gallen) vom 12.11.88. Auch hier, wie im Jahr zuvor im «Beobachter»: Ihr Ruf als Malerin ist gefestigt, ihr Ansehen als Künstlerin ist unbestritten — darüber sind keine Worte mehr zu verlieren. In den Vordergrund (bei den Medien) getreten ist, dass sie als Bürgerin für Behörden keine bequeme Frau ist.

1989 erwähnt die auflagenstärkste Wochenzeitung der Ostschweiz, der «Gross-Anzeiger» (St.Gallen, 4.4.89) mit keinem Wort die künstlerische Leistung der Malerin, sondern hält es für wichtiger, zu betonen, dass Sibylle Neff nicht an Epilepsie leide und dass es falsch wäre, sie als «Spinnerin» und «Nörglerin» abzutun, sondern dass die «tiefgründige kleine Frau», die von einem berechtigten Misstrauen erfüllt sei, für Recht und Gerechtigkeit kämpfe. Das Leben des «Behördenschrecks» wird skizziert als Kampf «für Schwache und Entmachtete».

am 11.6.2010 Sibylle Neff †

Dialekt-Glossar

Äusserungen im Innerrhoder-Dialekt — frei übertragen in die Schriftsprache. Ferner ein reproduzierter handschriftlicher Text (Seite 49) — umgesetzt in Druckschrift.

4 «Ja, man hätte dich ja dann (als annehmbare Partie) doch noch nehmen dürfen, aber da glaubte man dann eben, du werdest einmal ebenso dick und plump wie deine Mutter.»

10 «Erst wenn man den Ekel vor einem armen Kranken überwinden kann, ist man es wert, den Namen ‹Mensch› zu tragen.»

12 «Ich weiss, ich bin eben keine Bequeme!»

13 «Eine Innerrhoder Künstlerin malt manchmal Bauernbilder. Doch der Umgang mit Behörden macht sie täglich wilder.»

21 Satire im Tagebuch:
Beerdigung ... Eine Anzeige in der Zeitung, und hin zu einer Beerdigung mit drei Geistlichen in wunderschönem Ornat. Die Macht Gottes auf Erden! Orgelklänge, heiliges Amt und Hallelujas, welche ein Echo nur finden in der vorzüglichen Akustik des Gotteshauses.
Alles in Schwarz, duftend nach Kampfer, Parfum und Weihrauch. Darnach die Parade zum Friedhof mit dem Hügel in der wunderbaren Farbenpracht geköpfter Blumen. Dann knurrende Mägen in erholsamen, nach gutem Essen duftenden Sälen. Müde von dem langen Stehen in zu hohen Absätzen dann vor vollem Teller. Still nun wie ein Kindlein in der Wiege, welches zunehmend nach nassen Windeln riecht. Gürtel lockern, prost! Lachende, verschwitzte Gesichter. Frauen mit unbeweglichen Mienen wegen der Schminke im Gesicht, die aber immer stärker schmutzig in den feuchten Hals läuft. Das Glacé-Dessert bremst das Zerfliessen. Gegen 16 Uhr verernstigt man sich wieder, verabschiedet sich in das gute Auto, kehrt heim in den erholsamen Komfort gediegener Häuslichkeit, kleidet sich zurück in alle bunten Farben und hat wieder einmal etwas durchgemacht!

22 «Vor allem eine Sorte Leute mag mich nicht: Jene, die so ungemein religiös und rechtschaffen sind. Es wundert mich, dass sie mich nicht ausbürgen; aber ich vermute, da wäre das Erbschaftsamt dagegen.»

23 «Einen Hund erlöst man mit einem Gnadenschuss. Die Menschen aber bringt man Schritt für Schritt um.»

24 «Früher brauchte es Mut, um sich mitzuteilen. Heute braucht's Mut, zu schweigen, seine Sünden einzugestehen und sich zu schämen.»

36 «Ich darf gar nicht alles sagen!»

39 «Stört es Sie nicht, dass ich bei Ihnen sein darf?»

45 «Du und du und du sind überhaupt nicht krank — macht, dass ihr fortkommt!»

46 «Und Sie und Sie wollen mit Gewalt hundert Jahre alt werden!»

47 «Du kommst jetzt dann schon an die Reihe. Wirst wohl noch warten können!»
«Ich glaube, ich gehe jetzt; *du* Doktor, bist ja kränker als ich!»

Anmerkungen

Öl auf Papier bedeutet «auf Ölpapier», das von Sibylle Neff bevorzugt wird.

Bilder ohne Besitzangabe befinden sich im Eigentum der Malerin.

Wo in Bildlegenden die Jahreszahl fehlt, hat die Malerin es unterlassen, diese auf dem Bild zu vermerken.

Die Foto von Seite 35 wurde von Max Reinhard, 9053 Teufen, in freundlicher Weise zur Verfügung gestellt.

Den Farbbild-Reproduktionen in diesem Buch liegen Fotoaufnahmen zugrunde, die der Fotograf Raoul Heeb, Luzern, von den Ölbildern machte.

Die Appenzeller Malerin
Sibyll

9783858191403.3

Frau Knaus

20.-